运动生理学理论与运动训练发展研究

覃强 著

中国商业出版社

图书在版编目（CIP）数据

运动生理学理论与运动训练发展研究 / 覃强著. -- 北京:中国商业出版社，2023.12
ISBN 978-7-5208-2403-3

Ⅰ. ①运… Ⅱ. ①覃… Ⅲ. ①运动生理学－关系－运动训练－研究 Ⅳ. ①G804.2

中国国家版本馆 CIP 数据核字(2023)第 012113 号

责任编辑：聂立芳
策划编辑：张　盈

中国商业出版社出版发行
（www.zgsycb.com　100053　北京广安门内报国寺1号）
总编室：010-63180647　编辑室：010-63033100
发行部：010-83120835/8286
新华书店经销
三河市悦鑫印务有限公司印刷
*
710毫米×1000毫米　16开　12印张　202千字
2024年1月第1版　2024年1月第1次印刷
定价：78.00元
* * * *

前 言

PREFACE ◎

在运动生理学中，有许多关键指标和概念，如心率、血压、肌肉疲劳等，它们对于评估运动员的身体状态和指导运动训练至关重要。例如，心率是衡量心脏功能的重要指标，也是确定有氧和无氧训练效果的关键因素。肌肉疲劳是指肌肉在进行运动时无法维持足够的力量和收缩速度，可能导致运动能力的下降。因此，了解这些指标和概念对设计有效的训练计划、监测运动员的进步以及防止运动损伤具有重要意义。

本书共分六章，针对运动生理学理论与运动训练发展进行了系统分析，第一章是有氧与无氧运动，第二章是微观视角下的运动生理学与运动训练，第三章是宏观视角下的运动生理学与人体健康，第四章是体育生理学在体育训练中的应用原理，第五章是体育生理学视角下的身体素质训练，第六章是不同环境下的体育运动与训练。

本书在写作过程中，参考了很多专家、学者的理论成果和文献资料，作者对这些专家和学者表示衷心的感谢。由于时间精力有限，本书难免存在疏漏和缺陷，希望各位读者能够批评指正！

作 者

2023 年 6 月

CATALOG

目 录

第一章　有氧与无氧运动

根据运动时需氧与实际的供氧关系，可以将人体的运动能力分为有氧运动能力和无氧运动能力。无氧运动能力可以分为不需氧的磷酸原（ATP–PCr）系统的运动能力和糖无氧酵解系统的运动能力。实际上，无论哪一种运动能力都不仅仅是有氧或无氧的问题，而是与整个人体生理系统密切相关，而且还受到心理的、环境的和社会因素的影响。

第一节　需氧量与运动后的过量氧耗

氧的摄取和利用是人体赖以生存的必要条件之一。在进行体育运动时，除维持人体生命活动所需的氧量外，还需依其活动强度和持续时间而需要更多的氧供应。因此，就运动生理学而言，首先必须了解人体运动中和运动后恢复期的氧的需要与供应。

一、需氧量与摄氧量

需氧量是指单位时间内所需的氧量。成年人静息时，需氧量约为每分钟 250 毫升或每分钟每千克体重 3.5 毫升；儿童的代谢水平比成年人高，所以静息时按千克体重计的需氧量高于成年人；反之，老年人代谢水平降低，所以静息时按千克体重计的需氧量低于成年人。

运动时需氧量受运动强度和持续时间的影响。运动强度越大，单位时间需氧量就越大。据推算，以 100 米的速度跑时，每分钟需氧量可达 10 升，而中等强度的马拉松跑时，每分钟需氧量为 2 ~ 3.5 升。运动时的绝对（总）需氧量则随运动持续时间而异。运动强度大、持续时间短，虽然总需氧量少，但每分钟需氧量却大；反之，运动强度小、持续时间长，虽然每分钟需氧量少，但总需氧量却大。例如，100 米的速度跑历时 12 秒左右，其总需氧量大约为 7 升；持续时间达 2 小时以上的马拉松跑，其全程的总需氧量可达 700 升以上。

人体单位时间内（通常以 1 分钟计）从肺泡气中获取的氧量或全身各组

织器官从毛细血管中摄取的氧量称为摄氧量（ $\dot{V}O_2$ max ）或每分钟摄氧量。

二、氧亏和运动后过量氧耗

运动一开始，肌肉对氧的需要量立刻增加，然而，由于氧运输系统（呼吸系统和循环系统）存在功能惰性，需要几分钟才能使摄氧量达到稳定状态。因此，在运动开始阶段，摄氧量总是小于人体对氧气的需要量。此外，人体在进行高强度运动时，即使氧运输系统的功能达到极限，其摄氧量仍远远不能达到需氧量的水平，如图 1-1 所示。运动生理学把需氧量与摄氧量之差称为氧亏。

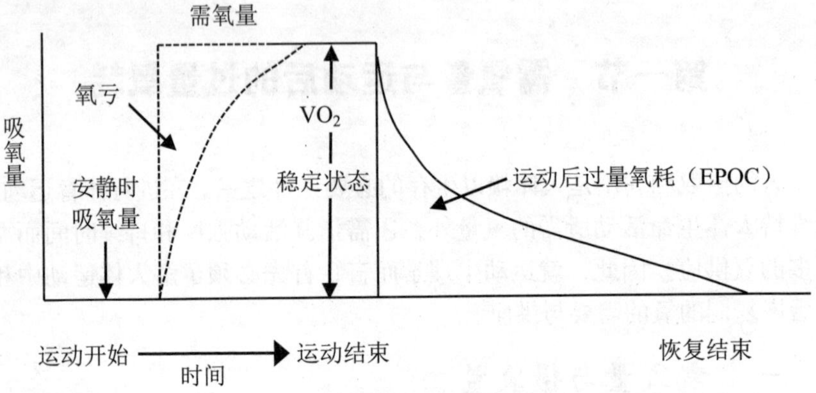

图 1-1　运动的需氧量、摄氧量、氧亏和运动后过量氧耗示意图

运动结束后，肌肉活动虽然停止，但人体的摄氧量并未立即恢复到安静时的水平。人们曾经认为，运动后恢复期内的过量氧耗是用于偿还运动过程中的氧亏，因此，把它称为氧债。按照这一理论，运动后恢复期的过量氧耗在数量上应与氧亏相当。但实际上，运动后恢复期的过量氧耗总是远大于氧亏，说明运动后出现的过量氧耗并不是完全用于偿还运动中的氧亏，而是还包括使处于较高代谢水平的人体逐渐恢复到运动前安静水平所消耗的氧量。因此，“氧债”的概念现在已经不再使用，而被“运动后过量氧耗”的术语所替代。

运动后过量氧耗是指运动后恢复期超过安静状态耗氧量水平的额外耗氧量。运动后过量氧耗产生的原因是运动后一段时间内人体仍处于高代谢水平。例如，运动使体温升高，血液中儿茶酚胺、甲状腺素和肾上腺激素处于较高水平等，如图 1-2 所示。其中，体温是运动后过量氧耗保持较高水平的最重要原因。有研究表明，肌肉温度与运动后氧耗的恢复曲线是同步的。体温每升高 1℃，体内代谢率可以提高 13%。

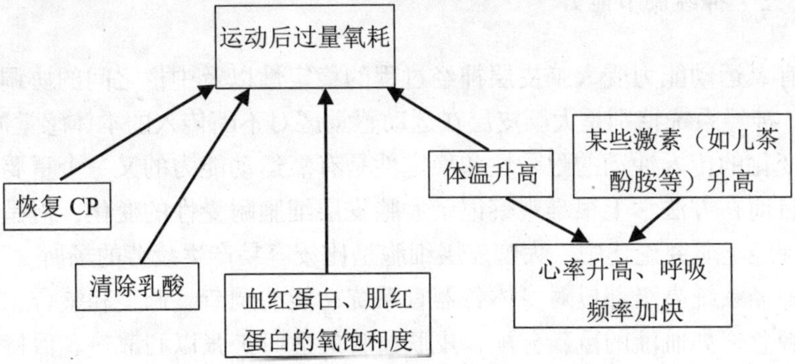

图 1-2　影响运动后过量氧耗的因素示意

第二节　有氧运动能力

有氧运动能力是指依靠氧运输系统（心肺功能）提供充足的氧，经细胞线粒体的氧化磷酸化，使二磷酸腺苷（ADP）再合成三磷酸腺苷（ATP），支持几分钟直至数小时的运动。

有氧运动能力是人体的基本运动能力，它不仅涉及体育活动中以有氧供能为主的运动项目的运动成绩，也涉及人体的劳动（工作）能力和生活能力，是体适能的重要内涵，因而受到广泛的关注。

一、有氧运动能力的生理基础

（一）氧运输系统的功能

有氧运动能力很大程度上依赖于氧运输系统（呼吸系统、血液、循环系统）对氧的摄取、运输和利用多个环节的功能及其匹配。因此，该系统的功能水平及其贮备能力是有氧运动能力的重要生理基础。

（二）骨骼肌的特点

有氧运动能力与肌纤维类型及其代谢特点有关。骨骼中慢肌纤维（ST）

的百分组成高的其有氧运动能力相对较高。

（三）神经调节能力

有氧运动能力受大脑皮层神经过程的稳定性以及中枢之间的协调性的影响。神经系统特别是大脑皮层在运动感觉区对不断传入的本体感觉冲动、化学变化的传入冲动的耐受性和稳定性是有氧运动能力的又一个重要条件。尽管目前在方法学上很难观察记录大脑皮层细胞耐受性的变化，但是从相关的神经学研究论述中，大脑皮层细胞是比较容易产生疲劳的场所。

神经系统高级部位对身体各器官系统功能的调节、调整和整合，实现移缓救急，如血液的重新分配、皮肤血管的适时扩张以利散热、保持体温稳态、抑制肠胃的运动和分泌等，都对保持和提高有氧运动能力是有利的。长期的耐力训练可以改善神经的调节能力，节省能量消耗，保持较长时间的肌肉活动。

（四）能量供应特点

耐力性项目运动强度小，持续时间长，主要以有氧供能为主。糖和脂肪在有氧的条件下，能保持长时间供能，这也是影响有氧运动能力的重要因素之一。在运动中提高自由脂肪酸（FFA）的氧化供能能力，节约肌糖原的消耗，是有氧运动能力的坚实基础。

在增加自由脂肪酸的动员和利用以节约肌糖原的同时，增加肌糖原的贮量对有氧运动能力也有重大的作用。戈尔尼克（Gollnick）研究发现，经过 20 周每周 4 天的有氧训练，人体骨骼肌中肌糖原的贮量增加到原来的 3.5 倍。长期进行有氧耐力训练可以提高肌肉中供能物质的储存、肌肉有氧氧化的效率以及脂肪供能能力。

二、最大摄氧量

（一）最大摄氧量的解析

最大摄氧量是指人体在进行全身大肌肉群参加的递增负荷运动中，当人体的氧运输系统的供氧能力和肌肉的用氧能力达到本人的极限水平时，单位时间（通常以分钟为单位）所能吸取的氧量称为最大摄氧量。最大摄氧量也称为最大吸氧量或最大耗氧量。最大摄氧量的缩写符号为 $\dot{V}O_2\ max$ 。

最大摄氧量的表示方法有绝对值和相对值两种，前者是表示人体在单位时间（1 分钟）内所能摄取的最大氧量。我国青年学生的最大摄氧量为每分钟 3.0～3.5 升，但由于个体的身高、体重等差别甚大，因而用绝对值进行个体间的横向比较是不适用的。为此，运动生理学中常以人体的相对值来表示，最常用的是按每分钟每千克体重来计算的最大摄氧量，单位为毫升/（千克・分钟）（ml/（kg・min））。一般来说，我国男大学生最大摄氧量的绝对值为每分钟 3.0～3.5 升，相对值为 50～55 毫升/（千克・分钟），女大学生的最大摄氧量的绝对值为每分钟 2.0～2.5 升，相对值为 40～45 毫升/（千克・分钟）。女大学生最大摄氧量的绝对值比男大学生低 30%～33%，相对值比男大学生低 20%左右。最大摄氧量是评价有氧耐力的指标之一，是心肺功能、肌肉耐力以及意志品质的最佳综合反应。

（二）最大摄氧量的测定

1. 直接测定法

直接测定法通常在实验室条件下进行。具体方法是受试者在一定的运动器械上进行逐级递增负荷的运动，利用特制的呼吸面罩呼吸，收集并记录各档运动强度运动时的通气量，并通过分析吸入气体或呼出气体中氧和二氧化碳的含量，计算出受试者的最大摄氧量。当受试者进一步增加运动强度而摄氧量不再相应增加，或略有降低时的摄氧量值，即为最大摄氧量，如图 1-3 所示。测定最大摄氧量时常用的运动器械是跑台、自行车功量计。

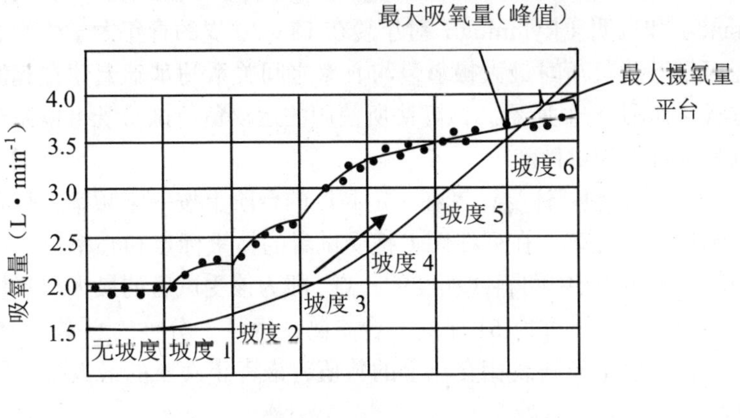

图 1-3　递增负荷（本图示跑台坡度增加）

在测试中，为了验证受试者确已达到本人的最大摄氧量，还应符合以下四项参考标准中的三项：心率达到本人的最高心率；呼吸可达到或接近 1.15；运动测验结束后的第 2 分钟血乳酸大于每 100 毫升 100 毫克；运动测验中参与运动的肌肉必须占全身肌肉块的一半以上。

同一受试者在不同运动器械上所测得的最大摄氧量是不同的。测试结果表明，在跑台上跑步所测得的值比在自行车功量计上测得的值高约 10%，通常跑台递增负荷跑步试验法被认为是测量最大摄氧量的黄金标准。在比较分析最大摄氧量的数据时，需要考虑测试对象的运动专项、运动试验的方式和递增负荷之间有无间歇等条件。

用最大摄氧量直接测定法测得的数据可靠，重复性好，准确性高，但必须有专门的运动仪器设备（如跑台、功量计）和较严格的操作程序，以及收集和分析气体的仪器，而且每一个对象的测试至少需要 10 ~ 20 分钟。直接测定方法对体弱和老年人有一定的危险性。鉴于此，许多学者致力于研究用简单的间接法来推算最大摄氧量。

2．间接测定法

用于间接测定最大摄氧量的方法很多，而且不断有新的方法出现。其总的原理是：在一定范围内，摄氧量与心率呈线性关系，因而只要测定受试者一次最大运动时（登台阶、蹬自行车功量计、12 分钟跑、20 米往返跑）的心率或达到某一定量心率的做功量或摄氧量便可推算出最大摄氧量。间接测定与直接测定的值是有差距的。虽误差较大，但间接测定方法简便，安全性高，仍被广泛使用。Astrand-Ryhming 列线图法是瑞典学者艾史唐德（Astrand）和瑞明（Ryhming）对年龄在 18 ~ 30 岁的青年大学生受试者在完成亚极量运动负荷时最大摄氧量与心率之间关系的基础上建立起的一种预测方法，如图 1-4 所示。该方法所使用的运动负荷试验既可以是台阶，也可以是自行车功量计。

（1）台阶试验。让受试者在一定高度的台阶上按一定频率进行登台阶运动，测运动后心率。在列线图上把受试者的体重标点和心率标点连成虚线，该虚线与列线图中间斜线相交的一点，即为该受试者的最大摄氧量值。例如，某青年女子体重为 61 千克，台阶测试后第 1 分钟的心率为 156 次，连接两点，读出中间斜线相交点上的数值，该青年女子的最大摄氧量为每分钟 2.4 升。

（2）自行车功量计试验。将受试者在自行车功量计上运动时的功率和心率两点做虚线相连，相交于中间斜线的部位，即为该受试者的最大摄氧量。例如，某男性被试者在自行车功量计上运动至 200 瓦时，其心率为每分钟 166 次，数值为 3.6 升，即该受试者的最大摄氧量为每分钟 3.6 升。

还应指出，最大摄氧量受受试者最高心率的影响，而最高心率又会随年龄的增加而减少，因此，Astrand-Ryhming 列线图所得到的最大摄氧量需通过年龄系数进行校对。

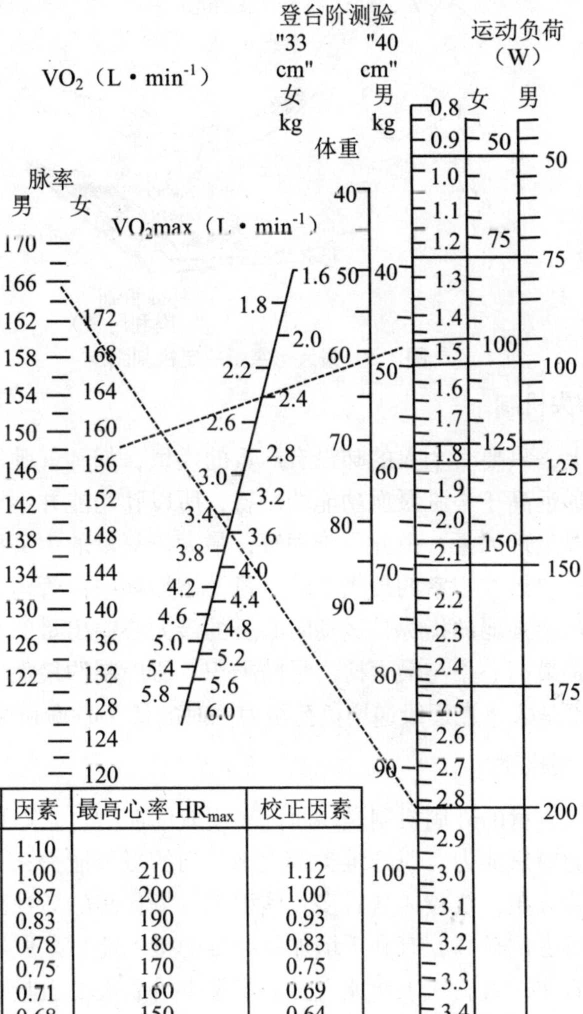

年龄	因素	最高心率 HR_{max}	校正因素
15	1.10		
25	1.00	210	1.12
35	0.87	200	1.00
40	0.83	190	0.93
45	0.78	180	0.83
50	0.75	170	0.75
55	0.71	160	0.69
60	0.68	150	0.64
65	0.65		

图 1-4 Astrand-Ryhming 列曲线推测最大摄氧量

（三）最大摄氧量的决定影响机制

最大摄氧量受心脏泵血功能和肌肉利用氧的能力两个因素的制约。前者称为最大摄氧量的中央机制，后者称为最大摄氧量的外周机制，如图 1-5 所示。

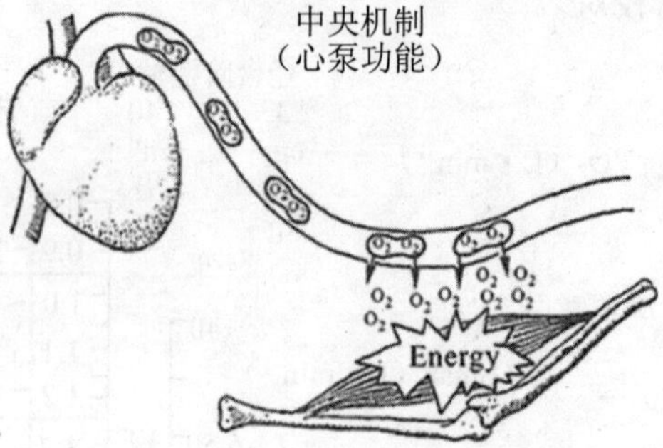

图 1-5　最大摄氧量决定机制图示

1．中央机制

实际上，只要一个人的肺没有严重的疾患，如肺气肿等，肺通气功能的贮备就远远高于心脏泵血功能的贮备，所以肺功能并不构成制约最大摄氧量的主要生理因素。由此不难理解，最大摄氧量的中央机制是指心脏的泵血功能，包括左心室的最大心输出量及体循环中血管运输氧的诸环节。心脏泵血功能强弱的指标是运动时心脏的最大心输出量的大小，而最大心输出量则是最高心率与最大搏出量的乘积。所以制约最大摄氧量中央机制的关键因素是人体在逐级递增负荷至力竭时的最高心率和最大搏出量。

2．外周机制

最大摄氧量的外周机制是指肌肉利用氧的能力。它取决于两个方面。一是肌肉的摄氧能力。肌纤维类型影响肌肉的摄氧能力，慢肌纤维有丰富的毛细血管分布，线粒体数目多、体积大，氧化酶的活性高，慢肌纤维肌红蛋白含量也比较高，有利于增加肌纤维的摄氧能力。所以慢肌纤维百分组成高的肌体，其有氧工作能力强。二是供给肌肉的血量。肌肉的供血量除了与心泵功能（心输出量属中央机制）有关外，还与血液的重新分配有关。罗威尔（Rowell）于 1974 年指出，以最大强度运动时，即使不考虑心输出量的增加，仅仅从腹腔内脏和肾血管的收缩，每分钟就可以腾出 2.2 升血液分配到活动肌肉中，这样可以使摄氧量每分钟增加 500 毫升左右。训练可使心血管系统的调节功能得到改进，有利于运动时肌肉获得更多的血液供应，从而使最大摄氧量得以提高。

此外，循环血量和血红蛋白总量与氧的运载量密切相关，所以与最大摄氧量的值也密切相关。

（四）影响最大摄氧量的因素

1. 遗传

遗传是影响最大摄氧量的最重要因素。自 20 世纪 70 年代以来，通过对最大摄氧量遗传度的研究，多数学者认为最大摄氧量的遗传度在 80% 以上。有学者对 25 对双生子（15 对单卵双生子，10 对双卵双生子）最大摄氧量的研究表明，其遗传度为 93.4%，提示遗传因素对最大摄氧量有较大的决定因素。同时还发现，单卵双生子最大摄氧量的对内差异甚小，而双卵双生子最大摄氧量的对内差异较大，如图 1-6 所示。

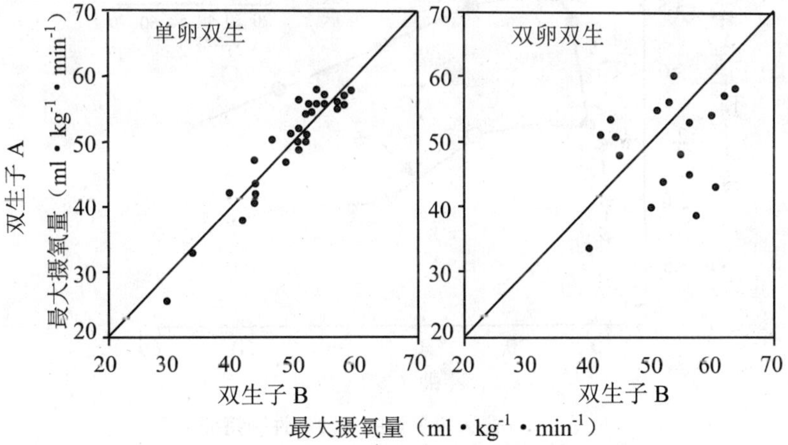

图 1-6　单卵双生子和双卵双生子最大摄摄氧的对内差异

2. 年龄和性别

麦克安德尔（McArdle）综合有关资料提出，最大摄氧量在青少年时期随年龄的增长而增加。最大摄氧量的绝对值从 6 岁时的每分钟 1.0 升增至 16 岁时的每分钟 3.2 升。如图 1-7 所示。

在青春发育期前，男女最大摄氧量的差异较小，13 岁之后差异逐渐显著，成年男子要高于女子 20% ~ 30%。男子最大摄氧量的绝对值一般在 18 ~ 20 岁达峰值，女子在 15 ~ 17 岁时达峰值，此后不再继续增加或略有下降。有学者曾对 9 ~ 18 岁中小学男女生最大摄氧量进行连续 4 年的纵向研究，其年龄、性别特征的规律性基本上与上述相同。

30 岁以后最大摄氧量随着年龄的增长而开始递减，男子以每年 2%逐渐下降，女子以每年 2.5%逐渐下降。老年后下降率为 0.8% ~ 0.9%。60 岁时可减少至最大值的 70%。经常参加体育活动的，在各年龄阶段均保持较高水平。但这种生理功能随年龄的增加而逐渐下降，一项对 8 名平均年龄为 80 岁的妇女研究表明，其最大摄氧量的平均值为每分钟每千克体重 13.4 毫升或约为 3.7 梅脱。资料还表明，个人惯常的体力活动水平是一个比日历年龄更能决定有氧能力的因素。

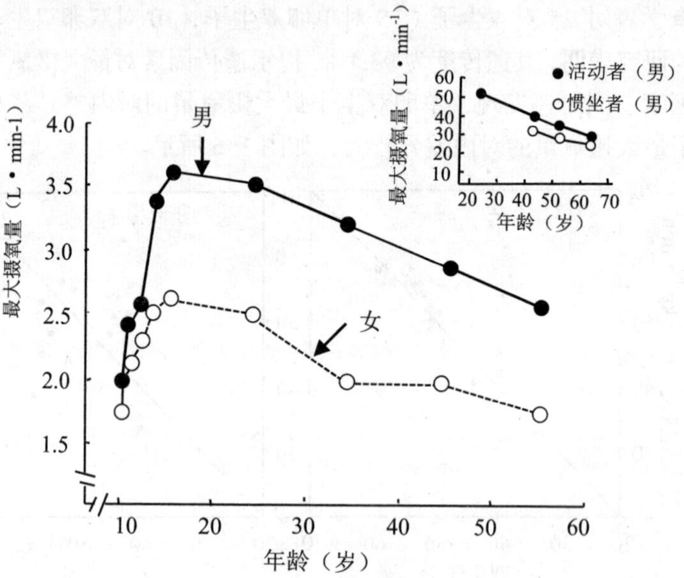

图 1-7　最大摄氧量的年龄、性别特征

女子的最大摄氧量比男子的最大摄氧量低的原因有以下几点：第一，女子的心室容积小于男子的，所以泵出血量较男子少；第二，女子的血红蛋白总量比男子低，所以血氧容量低于男子；第三，女子的脂肪比男子多，所以相对的肌肉重量比男子少，基于以上原因，男女身体组成的特点决定了女子最大摄氧量低于男子。

3. 训练

从事不同项目的运动员，其最大摄氧量有明显的项目特征，如图 1-8

所示。

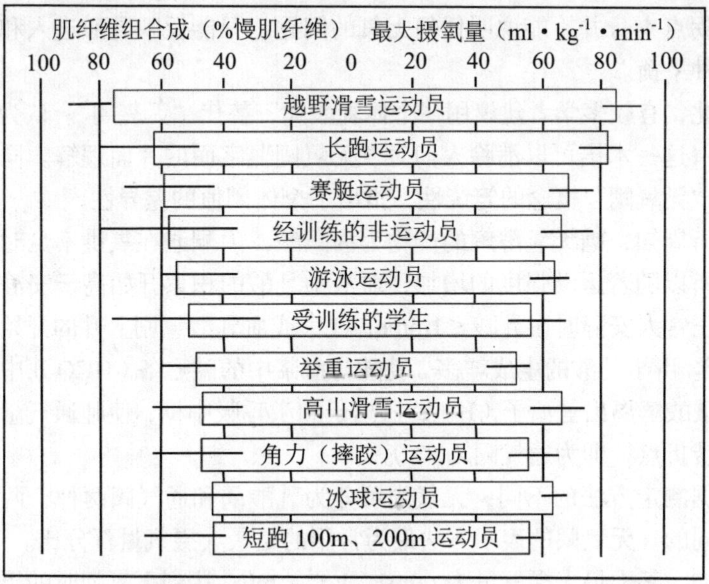

图 1-8　不同项目运动员最大摄氧量与慢肌纤维百分构成

越野滑雪、长跑等耐力性项目的运动员，其最大摄氧量明显高于短跑、举重等非耐力项目的运动员。据国外媒体报道，从事越野滑雪的男运动员，其最大摄氧量的最高值可达每分钟每千克体重 94 毫升，女运动员最高值可达每分钟每千克体重 85.1 毫升。

而贝格（Bergh）等横向研究结果也表明，耐力性项目运动员（如越野滑雪和长跑运动员）的最大摄氧量最大，短跑运动员的最大摄氧量最小。

纵向和横向的研究材料都表明，耐力训练可明显促进最大摄氧量的增加。义克布洛姆（Ekblom）曾对两名运动员纵向观察测定 18 个月和 51 个月耐力训练对最大摄氧量及有关指标的影响。

三、无氧阈

（一）无氧阈的概念

无氧阈（AT）是指人体在递增负荷的运动过程中，供能由有氧代谢为主开始向无氧代谢为主过渡的转折点。阈，即门槛，也就是说，从这点开始，无氧代谢开始更多地参与运动时的供能。无氧阈概念是在亚极量负荷运动时肌肉组织由于缺氧而产生了乳酸的基础上建立起来的。它把乳酸的堆积仅仅归结为缺氧所致，因而具有一定的片面性。在运动过程中，出现血乳酸拐点本身并不能说明任何无氧的问题，只能反映乳酸进入和移出血液的这种平衡。

因此，有较多学者建议用“个体乳酸阈”替代“无氧阈”。认为“个体乳酸阈”这一术语可以消除人们对“无氧阈”字面的片面理解。同时，它打破了“无氧阈”概念的笼统性，指出了个体阈值的差异性。

众所周知，糖无氧酵解的产物为丙酮酸，丙酮酸在氧供不足时还原为乳酸。所以随着运动强度的增加，血液中乳酸的积累开始高于安静时的水平点（正常人安静时血乳酸≤1mmol·L^{-1} 或血乳酸急剧上升的开始点即为乳酸阈）。由于乳酸的生成增多，乳酸与血浆中的碱贮备（HCO^{-}）中和生成碳酸，碳酸解离出氢离子（H^{+}），氢离子刺激呼吸中枢，使肺通气量呈急剧上升的转折点，即为通气阈（VT）。

根据测定方法的不同，无氧阈可分为乳酸阈和通气阈两种，两者的意义是相同的。无氧阈的表示方法最为常用的是最大摄氧量百分比。

例如，某人最大摄氧量为 60ml·kg^{-1}·min^{-1} 达到无氧阈时的摄氧量为 40ml·kg^{-1}·min^{-1}，故其无氧阈值为 66.6%最大摄氧量。一般来说，健康青年人的无氧阈值，为 50%～60%最大摄氧量，优秀耐力运动员的无氧阈值可达 70%～80%最大摄氧量。

（二）无氧阈的测定方法

1. 乳酸阈的测定

受试者在事先设计好的递增负荷运动中，在每档负荷之末，采血样分析血乳酸（BLa），并将血乳酸值作为纵坐标，各档运动负荷的强度（最大摄氧量百分比）为横坐标，将每档负荷的血乳酸值在坐标上标出，并依其变化找出转折点，判定乳酸阈值，如图 1-9 所示。

由于对血乳酸的测试需要多次采血，很多受试者不愿意接受这种有创伤的测试。为了克服连续多次取血的问题，有学者提出了以血乳酸达到每升 4.0 毫摩尔时的运动强度表示肌体内的供能方式由有氧氧化供能为主过渡到无氧供能为主，并认为该血乳酸浓度可以反映定量亚极量强度连续运动时血乳酸的来源与消除的最大平衡。

但后来一些学者通过研究发现，血乳酸的个体差异比较大，并不都是每升 4.0 毫摩尔，其变化的范围在每升 1.4～7.5 毫摩尔。1981 年斯特格曼

（Stegmann）引进了个体无氧阈（AT）概念。因此，也有人称乳酸阈为“个体乳酸阈”。

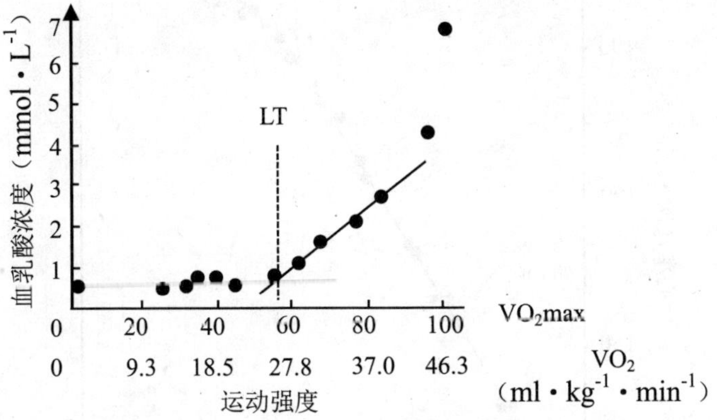

图 1-9　乳酸阈的测定

2．通气阈的测定

在递增负荷运动中，用通气变化的拐点来测定无氧阈，称为“通气阈”，需要在实验过程中测量各档负荷时的摄氧量、通气量和二氧化碳的产生量。

随着强度的增加，摄氧量呈线性增加的同时，通气量突然不呈线性增加的转折点，即为通气阈。通气阈是判断无氧阈的一种非损伤性方法。多数研究者认为，采用气体代谢的多项指标进行综合性判断比较客观。

3．心率无氧阈的测定

心率无氧阈是指受试者在由小强度开始运动逐渐加大强度的过程中，心率与运动强度的变化呈线性增加，当强度增加到一定水平后，随着强度的增加，心率的增加出现非线性变化，呈现平台趋势，将心率开始呈非线性增长的点称为心率阈，如图 1-10 所示。

康科尼(Conconi)首次报告了用心率这一简易指标判定无氧阈的可能。1987 年，马富利（Maffulli）等提出了确定心率阈的标准。目前，有许多研究证实心率阈的大小与耐力运动项目运动成绩之间有较高的相关性，且心率阈的测量也有较好的重复性。

另外，也有一些研究表明，在正常情况下心率阈与乳酸阈呈高度正相关，Graisl 把心率法和乳酸法进行比较，发现其相关的系数高达 0.98。

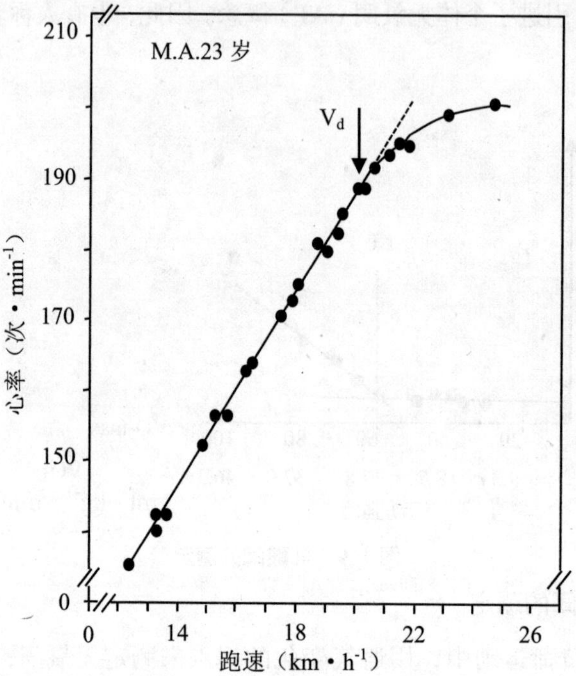

图 1-10　跑步—心率无氧阈

四、有氧运动能力的训练

（一）提升有氧运动能力的训练方法

1. 持续训练

持续训练是发展有氧耐力的主要方法，通常应用的是低强度的长距离跑或骑自行车、长距离游泳等。

用持续训练发展肌体有氧工作能力的关键是掌握好运动的强度，可用无氧阈强度、最大心率 70%的强度进行相关运动项目。

越来越多的证据显示，持续的高强度训练，是提高运动员最大摄氧量与乳酸阈的有效方式。

尽管不同运动员提高最大摄氧量的运动强度各有不同，但通常认为，运动强度在 80%～90%最大摄氧量是最适合的，如图 1-11 所示，运动强度等于或略高于乳酸阈值，可以使有氧运动能力得到最大限度的改善，因此对设计训练计划是十分有用的。

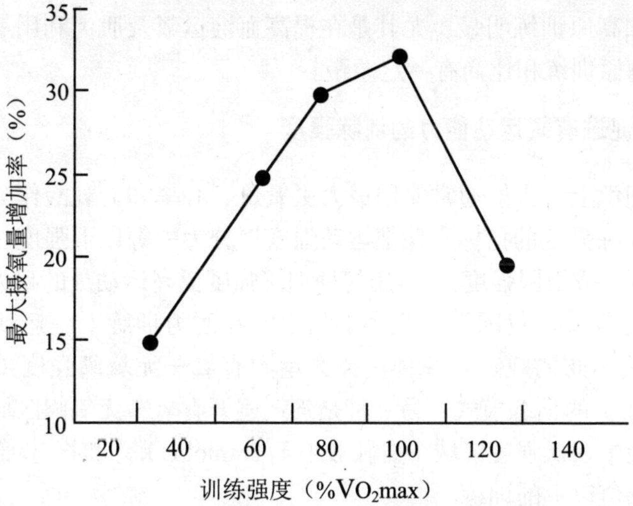

图 1-11　训练强度与最大摄氧量增加率关系

2．间歇训练

间歇训练是指在一次练习之后按照严格规定的间歇时间用积极性休息的方法进行休息，在运动员肌体未完全恢复的情况下，就进行下一次练习的方法。间歇训练时，肌肉运动可以反射性地引起心肺功能不断提高，在间歇期，肌肉休息，但呼吸系统和循环系统的功能仍保持较高水平，特别是心脏仍然处在最佳输出量状态。因此，该训练方法对发展心肺功能及提高抗疲劳能力有很好的效果。

间歇训练中的运动时间、运动强度和间歇时间应依据运动员要达到的训练目标而定。耐力项目的教练员和运动员认为高强度间歇训练可以提高耐力水平。保罗（Paul）等观察了间歇高强度训练对 38 名高水平自行车运动员耐力的影响，表明间歇高强度训练可明显提高优秀自行车运动员 40 千米的运动成绩。

3．高原训练和低氧训练

高原训练是人体在高原低压、低氧环境下训练，通过高原缺氧和运动双重刺激，使运动员产生强烈的应激反应，以调动人体内的功能潜力，从而产生一系列有利于提高运动能力的抗缺氧生理反应。低氧训练是一种在高原训练的研究和应用基础上发展起来的，利用人工低氧环境进行训练的方法。这种训练方法既能弥补传统高原训练的不足，又能提高有氧运动能力。但由于低氧持续刺激时间较短，对肌体心肺功能刺激和功能状态的改善方面不如高原训练明显，尤其是在提高血液运氧及肌肉利用氧能力等方面与传统高原训练相比尚有一定差距。

（二）促进有氧运动能力的训练强度

在生理学上，人们通常使用最大摄氧量、心率和血乳酸作为衡量和评价运动员训练强度的指标，并把运动强度划分为中等以下强度、中等强度和高等强度（或极限强度）。运用何种训练强度提高运动员的耐力水平一直具有较大的争议。我国学者陈小平指出，在耐力训练上，运动训练界存在两种截然不同的观点：一种是强调运用有氧—无氧阈强度（血乳酸为 2 ~ 4mmol/L）的训练模式；另一种是强调避开有氧—无氧阈区域，大部分训练强度集中在低强度区域（血乳酸小于 2mmol/L），同时，少部分训练集中在无氧阈值以上的训练。

夏基（Sharkey）提出以有氧训练带（域）（有氧阈与无氧阈的强度范围）的强度进行运动，能够改善有氧运动能力，如图 1-12 所示。

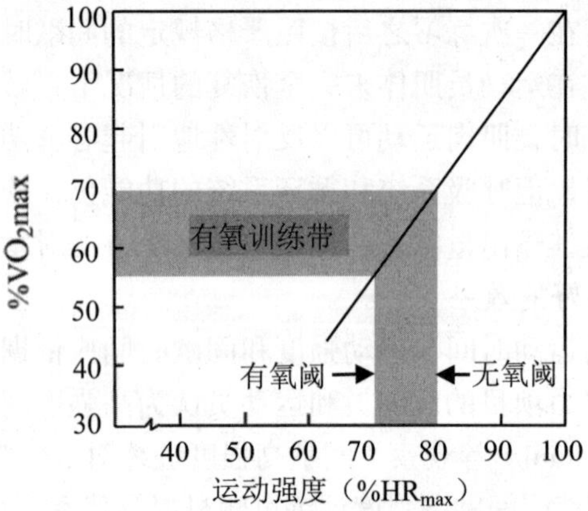

图 1-12　有氧运动训练带

近年来，不断有学者提出临界功率可作为有氧耐力训练的指标。临界功率理论的提出为人体功能评定方法的研究开辟了新的领域。临界功率被定义为功与时间线性关系的斜率，即肌肉维持长时间运动不疲劳时，功与时间所能达到的最大比率。临界功率在生理上表示的是一种阈强度，高于乳酸阈值时的功率，同时又低于最大摄氧量时的运动强度，表示的是介于两者之间的一种运动强度。以临界功率水平运动，耗氧量将处于一种稳定状态；而在临界功率水平以上训练，耗氧量将迅速达到最大值。临界功率可以作为极限运动和高强度运动的有氧训练指标，也可作为这一运动强度范围的下限。

五、有氧运动能力训练的主要项目及开展指导

（一）有氧运动项目开展的认识误区

1．控制体脂

有氧运动与力量训练结合进行是将体脂控制在理想水平的最好方法。许多人基于以下两点理由，错误地认为单独进行有氧锻炼对控制和减少体脂最有效：①有氧运动首先消耗的是脂肪，而力量训练消耗的是储存在体内的糖；②在设定的心率范围之内，45 分钟的有氧锻炼要比同样时间的力量训练消耗更多的热量，练练停停的力量训练需要每组之间休息，消耗的热量要少得多。

道理是这样的：有氧锻炼能达到消耗热量的目的，但却不能长时间地提高新陈代谢率。力量练习虽不能长时间提高心率，但它却增加了肌肉总量，从而使新陈代谢率得到提高，使人在休息时也能消耗更多的热量。这就是有氧锻炼与力量练习结合进行才是最佳减肥方法的原因。

2．有氧运动越多越好

一件好事做过了可能会变成坏事，导致相反结果。有氧运动也是如此。虽然它不失为一种有效的脂肪消耗办法，但长时间的有氧锻炼消耗的不仅仅是脂肪，且还包括肌肉。研究发现，2 小时中量的有氧锻炼可耗尽体内 90%的白氨酸——对肌肉生长非常重要的一种氨基酸。通常情况下，正常的白氨酸水平可防止因锻炼过度引起的肌肉分解。

3．有氧运动低强度运动

减脂的原理在于你每天消耗的热量要多于吸收的热量，较高强度的锻炼比低强度的训练能消耗更多的热量。

运动生理学家发现，运动量达到最大心率的 60%时，身体消耗的脂肪较多。但如果运动强度再大一些，即最大心率的 75%以上时，身体就会直接将脂肪、糖、蛋白质全部作为能量来源。也就是说，你练得越苦，消耗的热量也越多。

但是，对初练者来说，应遵循循序渐进的原则，逐渐增加运动量，才能有效地提高心肺功能，有可能适应较大强度的运动量。

4．有氧运动力量练习

为了消耗更多的热量，在有氧活动中需要一定的强度，理想的方式是达到最大心率的 70%以上。而力量练习的目的是增加肌肉，在理想的重量下用正确姿势每组重复 6～12 次为佳。

最明智的办法是在短暂的热身后先进行力量练习，然后做有氧活动。如果你把有氧活动放在前，由于它可降低肌糖元储备并吞噬你的力量，那么你的体重可能不但不减轻，反而会增加。反过来，如果你先进行力量练习，你很快就能达到你所需要的状态，做好有氧运动的准备。

（二）主要有氧运动项目及其科学开展

1．游泳

运动优点：游泳须克服水的阻力而非重力，肌肉和关节不易受损，能有效保护膝关节；冷水环境下游泳热量消耗大，属于减肥效果显著的运动；当配合节食时，效果更加显著。

适宜人群：膝关节受损，体重严重超标，减肥，增强体质的族群。

运动周期：每周 3～4 次，每次 30～60 分钟。

热量消耗：约 650 千卡/小时。

2．慢跑

运动优点：提高睡眠质量。通过跑步运动，大脑的供血、供氧量可以提升 20%，这样夜晚的睡眠质量也会跟着提高“通风”作用。在跑步的过程中，肺部的容量平均从 5.8 升上升至 6.2 升，同时，血液中氧气的携带量也会大大增加。提高心脏功能。长期慢跑可使安静心率减慢、血管壁的弹性增加。解压，慢跑可以缓解紧张和焦虑，有益健康。

适宜人群：减肥，需要缓解压力，缓解亚健康，以及预防心血管疾病的族群。

运动周期：每周 3～4 次，每次 40～60 分钟。

热量消耗：约 650 千卡/小时。

3．自行车

运动优点：延缓大脑老化，提高神经系统的敏感度；提高心肺功能，锻炼下肢肌力和增强全身耐力。骑自行车对内脏器官的耐力锻炼效果与游泳及跑步相同。自行车还可以瘦身，是周期性的有氧运动，热量消耗较多。

对颈椎病、腰椎间盘突出等有很好的锻炼和康复效果。

适宜人群：体重严重超标，颈椎病和腰椎间盘突出的族群。

运动周期：每周 3～4 次，每次 40～60 分钟。

热量消耗：约 420 千卡/小时。

第三节　无氧运动能力

习惯上把不需氧的力量爆发型运动［依靠磷酸原（ATP-PCr）系统供能的运动］和无氧耐力运动（依靠糖无氧酵解供能的运动）统称为无氧运动。但就其生理基础而言，是两种不同性质的运动。

一、力量爆发型运动

（一）力量爆发型运动的生理基础

磷酸原（ATP-PCr）系统是一切高功率输出运动项目的物质基础，数秒钟内要发挥最大能量输出，只能依靠该系统供能，如短跑、投掷、跳跃、举重等运动项目，这些运动项目又称为力量爆发型运动。

1. 骨骼肌纤维中磷酸原的贮量

肌纤维中磷酸原的贮量是影响和决定人体力量爆发型运动能力的最重要的生理基础。肌肉中三磷酸腺苷（ATP）的数量极为稀少，浓度为每千克干肌重 20～30 毫摩尔。磷酸肌酸（PCr）的贮量是三磷酸腺苷的 3～5 倍。依靠肌纤维中的 ATP 和磷酸肌酸所产生的 ATP，支持人体维持高强度、高爆发力运动 10 秒左右。

力量爆发型运动训练不仅可使肌纤维中三磷酸腺苷和磷酸肌酸贮量增加，同时，肌酸激酶（CK）活性也增高，可以更快地催化磷酸肌酸水解，使二磷酸腺苷（ADP）再合成三磷酸腺苷，如表 1-1 所示。

表 1-1　5 个月抗阻训练对肌纤维中三磷酸腺苷、磷酸肌酸与肌糖原贮备的影响

单位：mmol · g（肌肉湿重）

	训练前	训练后	增进率
三磷酸腺苷	5.07	5.97	+17.8%
磷酸肌酸	17.07	17.94	+5.1%
肌糖原	86.28	113.90	+32%

2．骨骼肌肌纤维类型的百分配布

快肌纤维中 ATP 和 PCr 的贮量多于慢肌，快肌纤维中的 CK 活性也高于慢肌纤维。因而骨骼肌中快肌纤维百分比高的人有利于力量爆发型运动。

3．代谢基础

力量爆发型运动时的能量供应是依靠肌肉中的 ATP 水解，释放能量，同时生成 ADP，再由 PCr 水解，释放出能量使 ADP 再合成 ATP。

4．大脑皮层运动区的功能

力量爆发型运动是由大脑皮层运动区指令发动的，所以大脑皮层运动区的同步募集更多相关的快运动单位同步收缩，产生最大的力量，是力量爆发型运动能力的重要基础。

（二）力量爆发型磷酸原（ATP-PCr）系统的测评

1．玛格利亚（Margaria）功率测验

玛格利亚（Margaria）功率测验由意大利著名运动生理学家玛格利亚于 20 世纪 60 年代提出，主要用于评价 ATP-PCr 系统的输出功率。目前，该测验仍是评定短时间高功率运动项目训练效果和训练方法的重要指标。

该测验方法是令受试者从距离 6 米远处开始，以最快速度，用 3 步登上 1.05 米高的九层台阶，记录第三层至第九层台阶所需时间，然后按以下公式计算输出功率，如图 1-13 所示。

$$功率=\frac{体重\times 1.05\text{m}（台阶垂直距离）}{登台阶的时间}$$

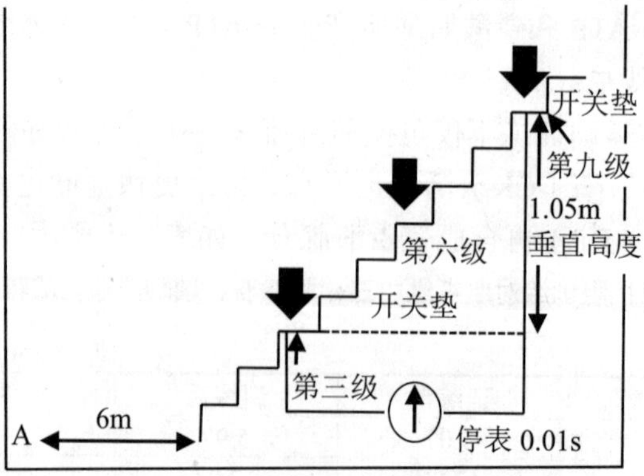

图 1-13　玛格丽亚无氧测试

根据计算结果，可对不同受试者的 ATP–PCr 系统输出功率水平进行评价。此方法简便易行、客观实用。由于玛格利亚测验的计算公式中有一个体重参量，而体重的个体差异很大，故也不一定合理。

2．黎惠氏（Lewis）纵跳功率测验

黎惠氏纵跳摸高测验是一种极为简单的测评人体 ATP–PCr 系统能力的方法。受试者面向白色背景墙板，伸直举起右手将右手中指指尖所及之处记下记号，然后后退 25 厘米，尽可能快地跳起，右中指指尖所及的白板处做一记号，记录安静时和纵跳时之间的距离（m），然后求出其功率（P）。

二、无氧耐力

（一）无氧耐力能力的生理基础

1．肌肉糖无氧酵解供能能力

无氧耐力的主要能源依靠糖无氧酵解供给。乳酸脱氢酶的活性和肌糖原的贮量是肌肉内糖无氧酵解运动能力的生理基础。据研究，训练可以提高乳酸脱氢酶的活性和肌糖原的贮量。因此，糖无氧酵解供能能力的优劣，是无氧耐力强弱的重要因素。

快肌纤维，尤其是快酵解型肌纤维中乳酸脱氢酶的活性及糖酵解的底物肌糖原的含量比慢肌纤维高。因此，快酵解型肌纤维占优势的人，无氧运动能力就强。

2．缓冲乳酸的能力

肌肉糖无氧酵解过程中产生的乳酸进入血液，由于血液缓冲系统的作用，可使血液 pH 不至于发生太大的变化，因此人体缓冲系统的能力对延长肌肉无氧工作时间有重要意义。血液缓冲乳酸的能力主要取决于碳酸氢钠的含量及碳酸酐酶的活性。

一些研究表明，经常进行无氧耐力训练的运动员，血液中碳酸酐酶活性明显提高，表明血液对乳酸的缓冲能力提高。

3．脑细胞对血液酸碱度变化的耐受力

血液中虽有缓冲物质能中和一部分进入血液中的乳酸，但因进入血液的乳酸量大，血液还是向酸性方向发展，再加上因氧供不足而导致代谢产物的堆积，都会影响脑细胞的工作能力。

因此，脑细胞对这些不利因素的耐受能力，无疑也是影响无氧耐力能力强弱的因素之一。

（二）糖无氧酵解系统能力的测评

测定糖酵解代谢能力，一般是通过 30 ~ 90 秒的极量强度持续运动实验来完成。基本评价标准：做功的功量越大，运动后血乳酸的增值越大，这是糖酵解代谢供能能力越强的标志。

1．温盖特（Wingate）无氧测验

温盖特无氧测验（WAT）是 1970 年以色列温盖特体育学院运动医学研究所提出的。1974 年，阿亚隆（Ayalon）等进一步发展完善后，该测验被许多运动科学实验室所采用。30 多年来，运动生理学工作者用温盖特无氧测验方法做了大量实验，均表明此测验方法对评定运动员的糖酵解代谢供能能力具有很大的意义。

目前，该方法已作为测定无氧功率和无氧能力的标准实验方法。温盖特无氧测验的基本要求是：受试者在自行车功量计上进行蹬踏，以最快的频率完成规定负荷的 30 秒蹬车运动，以负荷过程中的输出功率作为无氧能力的评价指标。

测验中可以获得受试者的无氧功率峰值、平均无氧功率和疲劳指数（最大无氧功率的下降幅度）。某些运动项目运动员的温盖特测验结果，如表 1–2 所示。

表 1–2　不同项目运动员的 WAT 结果

运动项目	人数	最大功率（$W \cdot kg^{-1}$）	平均功率（$W \cdot kg^{-1}$）
举重	11	12.7	9.5
体操	11	12.3	9.1
摔跤	11	12.0	9.4
万米跑	11	11.4	9.3
马拉松	11	11.3	8.9

2．运动中的血乳酸浓度

乳酸是糖无氧酵解的产物，当血乳酸浓度增高又能保持运动能力不降低时，被认为是无氧耐力运动能力强的表现。

这个结论被广泛接受，所以运动训练中常以血乳酸浓度的高低结合运动能力来评价无氧耐力能力是可取的，特别是对同一个人体做纵向对比时，

更为可靠。因为，如果以此做横向比较，可能个体之间的差异很大，难以准确评价。

三、促进无氧能力的训练

（一）改善磷酸原系统的训练

从事投掷、举重、短跑（100 米）等项目的运动员主要依靠磷酸原系统提供竞赛所需的整体能量。因此，最适合的训练是能通过磷酸原系统产生最大量 ATP 的训练计划。

通过训练改善磷酸原系统，应坚持高强度、低乳酸的原则。利用间歇训练提高磷酸原系统运动能力，宜采用 10 秒最大强度跑，间歇时间最佳为 30 秒，如果间歇时间过短（10 ~ 20 秒），由于磷酸原恢复不充分，会使血乳酸明显升高，对提高磷酸原系统的效果就不显著。重复次数视运动员的体能水平、环境因素以及其他可能的情况而定，如表 1-3 所示。

表 1-3　对间歇训练的建议

间歇	训练目标	重复次数	时间（s）	工作/休息	最大速度（%）	最大心率（%）
长	有氧能力	4 ~ 6	120 ~ 300	1∶1	70 ~ 80	85 ~ 90
中	糖酵解系统	8 ~ 12	60 ~ 90	1∶2	80 ~ 90	95
短	磷酸原系统	15 ~ 20	30 ~ 60	1∶3	95	100
冲刺	速度	25	10 ~ 30	1∶3	100	100

（二）改善糖无氧酵解系统的训练

超过 10 秒以上的最大强度运动，对糖酵解系统所产生的能量依赖也就越来越大。为了改善这一能量系统，运动员必须通过短期、高强度用力使“系统”超负荷。

总之，60 ~ 90 秒高强度的间歇训练（如 6 ~ 400 米跑，75 秒跑完 400 米，休息间隔为 2 分钟）对促使这一系统的超负荷是有用的。如要发展乳酸能系统供能能力，则以最大强度跑 1 分钟，间歇休息 2 ~ 3 分钟为宜。

这种无氧能力的训练，既需要身体也需要心理的准备，因此需要运动员自身高度的关注。更有甚者，此种训练可能会急速地减少肌糖原和肝糖原的贮备量，因为这些原因，运动员要经常轮替使用高强度间歇训练课与轻度训练课。

从上面的叙述中可以看出，间歇训练既可以用于发展有氧能力，也可用于发展无氧能力，关键是运动者的能力、运动强度、运动期与休息期的时间安排等因素，可参考前表 1-3 所示内容。

第二章　微观视角下的运动生理学与运动训练

在全民健身体育运动中，科学的体育锻炼与合理的膳食营养相结合，对增强体质、提高健康水平和防治慢性病具有重要作用。

研究证实，大多数慢性病，如肥胖、冠心病、高血压、血脂异常、2型糖尿病、骨质疏松、某些肿瘤等，与体力活动或运动不足及营养不合理有关。

合理膳食、保持适宜的体重和适量的体力活动，可有效预防和控制慢性病的发生。适量运动和合理营养还具有促进儿童、青少年的生长发育、增强心肺功能、提高耐力、改善心理状态、预防抑郁症和焦虑症等作用。因此，倡导体力活动和运动已成为许多国家提高国民健康水平与预防慢性病的一项重要举措，对提高全民身体素质、实现健康长寿目标具有重要意义。

第一节　运动与能量平衡

一、运动能量代谢的特点

体育运动的能量消耗可达到安静时的两三倍，甚至 100 倍以上（如体操技巧和抓举举重）。参加集训的优秀运动员在 1h 训练课内的能量消耗可达 418.4 ~ 2 510.4kJ（100 ~ 600kcal）。与不同强度体力劳动比较，多数项目运动员在训练时间内的能量消耗相当于或超出重体力或极重体力劳动的能量消耗。轻体力劳动消耗为 502.08kJ/h（120kcal/h）；中等体力劳动消耗为 711.28kJ/h（170kcal/h）；重体力劳动为 1 129.68kJ/h（270kcal/h）；极重体力劳动消耗为：1 548.08kJ/h（370kcal/h）。非机械化劳动每分钟能量消耗为 0.29 ~ 1.26kJ(0.07 ~ 0.30kcal)，短跑时，每秒能量消耗高达 12.55kJ(3kcal)。

但运动与重体力劳动的高能量消耗不同，其能量消耗常常集中在短短的几分钟（如举重、体操）或几个小时内。

二、运动能量的来源及影响因素

（一）运动能量的来源

维持人体生命活动的能源物质包括碳水化合物、蛋白质和脂肪等。运动中的能源物质是混合性的，但根据运动强度、类型及缺氧程度的不同，以一种能源物质供能为主。运动中最直接和最迅速的能量来源是 ATP，最大强度运动时主要的能源物质是 ATP。骨骼肌 ATP 的储备量很小，1kg 湿肌肉仅为 4.6 ~ 6.0mmol/L，只能维持 0.5 秒最大强度肌肉收缩。体内储备的磷酸肌酸（creatine phosphate，CP）量，1kg 湿肌肉约 17mmol/L，也只能满足几秒钟剧烈运动的需要。运动中 ATP 消耗后需要不断再合成，以维持运动的需要。糖和脂肪提供运动中 ATP 再合成所需的绝大部分能量。在无氧情况下，碳水化合物和肌肉内储备的 CP，通过磷酸化反应也可提供能量合成 ATP。蛋白质、酮体和乙酸仅在某些情况下提供少量能量。ATP 的不断补充是通过糖无氧酵解和脂肪与糖有氧氧化实现的。运动中的主要能源是糖和脂肪酸，两者的供能比取决于运动强度，在不同的系统（如神经、内分泌和心血管）中两者的供能比也不同。

运动强度达到最大摄氧量（maximum oxygen uptake，$\dot{V}O_2\,max$）的75%或以上时，糖氧化供能的比例增加，运动强度降至最大摄氧量的 65%以下时，脂肪供能的比例增加。体内脂肪酸的氧化利用必须在有氧条件下进行，运动强度加大、缺氧严重时，则利用很少，如表 2-1 所示。运动中能源物质代谢情况可通过呼吸商、血液中能源物质（包括葡萄糖、游离脂肪酸、乳酸、甘油等）水平、激素水平和肌肉活检等技术途径来了解。

表 2-1　骨骼肌细胞利用的能量系统

供能系统	运动类型	运动举例
三磷酸腺苷（ATP）	所有运动	各种投掷、跳、百米跑等高强度运动
磷酸肌酸（CP）	运动开始时，极限强度运动及其后短间歇	同上，高强度有间隙的运动训练
糖无氧酵解	高强度运动，尤其是 30s ~ 2min 的运动	200m 计时跑
糖有氧氧化	运动持续 2min ~ 5h，强度越大利用越多	篮球、排球、游泳、慢跑等运动

续表

供能系统	运动类型	运动举例
脂肪有氧氧化	持续时间长的低强度运动	长距离跑步、游泳和骑车
蛋白质有氧氧化	所有低强度运动及糖缺乏时中等强度耐力运动	耐力性跑步运动等

（二）影响运动时能量代谢的因素

1．运动强度和持续时间

运动强度大、时间短的运动以无氧代谢供能为主，而强度小、时间长的运动则以有氧代谢供能为主。除百米跑的能量绝大部分由磷酸原系统供给外，多数运动的能量供应是多系统混合性的。

运动强度达到85%～100%最大氧摄入量或大于100%最大氧摄入量时，主要依赖无氧供能，通过糖无氧酵解途径，ATP 合成率高，为有氧供能的五六倍，可满足短时间做功量高的运动，如冲刺跑和举重等。限制 ATP 合成的主要因素是时间短、CP 消耗和无氧糖酵解生成的 H 堆积。

当运动强度减小、运动时间延长时，糖和脂肪供能比例也发生变化，糖的利用减少，而脂肪的利用增加。运动冲刺时，糖供能占优势，此变化反映了运动的适应过程。糖是运动中能量供给必需的物质。肌肉中储备的糖原耗竭时，运动能力明显下降，且易发生运动损伤。增强长时间运动中动用脂肪的能力，可节约肌糖原，有利于提高运动能力。根据运动时间可将能量供给分为四个系统，如表 2-2 所示。

表 2-2　不同运动时间的主要供能系统

运动时间	供能系统
＜30s	磷酸原
30s～1.5min	磷酸原核糖酵解
1.5～3min	糖酵解和有氧氧化
＞3min	糖和脂肪有氧氧化

2．训练水平

系统运动训练可改变人体对某一供能系统的依赖。例如，长跑运动员的有氧供能能力比短跑运动员强，而短跑运动员的无氧供能能力较强。有氧运动能力强的运动员对脂肪利用能力也强。

3．体内能源物质的储备

体内能源物质是骨骼肌能量代谢可利用的底物。肌糖原含量与运动能力，特别是运动耐力有密切关系。

4．膳食构成

富含碳水化合物的膳食有利于提高运动耐力。脂肪产能量虽高，但能量消耗次序靠后。此外，其他一些营养素如维生素 B 群、烟酸、铁、镁等与能量代谢也密切相关。

三、运动员的能量需要

运动员一日的能量消耗由基础代谢、食物热效应(thermic effet of food, TEF)，适应性生热作用（ facultative thermogenesis ）以及运动的能量消耗四部分组成。

（一）基础代谢

对于非运动人群，基础代谢占每日总能耗的比例最大，为 60% ~ 75%。对于运动员，由于运动训练的能量消耗多，基础代谢的比例相对减少。

（二）运动的能量消耗

在能量消耗的构成中，运动能量消耗变异最大，也容易发生变化。一个中等强度活动的人，运动能量消耗占总能量消耗的 15% ~ 30%。高强度运动时，能量消耗增加可达到基础代谢的 10 ~ 15 倍。

运动员的运动能量消耗因运动量（包括运动强度、密度、运动持续时间）的不同有较大差异。集训队运动员在训练课内的能量消耗为 1 255 ~ 10 878kJ（300 ~ 2 600kcal），平均为 4 184kJ（1 000kcal）左右，约占一日总能量消耗的 40%，高者可达总能耗的 50%。

（三）食物热效应

食物热效应（TEF）以前称为食物特殊动力作用，是指进餐后数小时内发生的额外能量消耗，是由于摄入蛋白质、脂肪和碳水化合物三种能源物质引起的生热效应，即食物在消化、转运、代谢和储存过程中消耗的能量。TEF 约占基础代谢的 10%，运动员膳食中蛋白质含量较高，故常采用基础代谢的 15%计算。

（四）适应性生热作用

适应性生热作用也称兼性生效作用，是能量消耗的另一个重要部分，是出于环境温度、进餐、情绪应激和其他因素变化引起的能量消耗，此热作用低于一日总能耗的 10%～15%。适应性生热作用在人体还很难证明，但可能对长期体重变化有重要影响。国内调查资料表明，运动员一日能量需要量范围为 8 368～23 012kJ（2 000～5 500kcal），多在 14 644～18 410kJ（3 500～4 400kcal），按体重计算为 209～272kJ/kg（如 50～65kcal/kg）。

一些运动项目如乒乓球、体操、击剑等运动员在训练中精神活动紧张，并不能都反映在能量消耗上。

四、常规运动和体力活动的能量消耗

具体运动项目和体重活动能量消耗，如表 2 3 所示。

表 2-3　常规运动和体力活动的能量消耗

活动项目		每分钟每千克体重活动的能量消耗 kJ/（kg·min）［kcal/（kg·min）］	体重65kg男子进行10min活动的能量消耗 kJ/（kcal）	体重55kg女子进行10min活动的能量消耗 kJ/（kcal）
家务劳动	洗、穿衣、办公室工作	0.188（0.045）	122（29）	103（25）
	烹饪、扫地	0.201（0.048）	131（31）	111（26）
	铺床、清扫房间	0.234（0.056）	152（36）	128（31）
	购物、擦地、擦玻璃、熨衣服	0.259（0.062）	168（40）	142（34）
	跟小孩玩坐位	0.167（0.040）	109（26）	92（22）
	立位	0.215（0.060）	163（39）	138（33）
	走、跑	0.368（0.088）	239（57）	202（48）
体力劳动	驾驶拖拉机	0.155（0.037）	101（24）	85（20）
	挤奶（手工）	0.226（0.054）	147（35）	124（30）
	挤奶（机械化）	0.096（0.023）	62（15）	53（13）
	用电锯	0.314（0.075）	204（49）	173（41）
	踩谷粒	0.356（0.085）	231（55）	195（47）
	铲雪	0.481（0.115）	313（75）	265（63）
	刨树坑	0.381（0.091）	248（59）	209（50）
	炼钢	0.385～0.745（0.092～0.178）	249～493（60～118）	213～410（51～98）
	挖煤	（0.452（0.108）	249（70）	248（59）
	耕地	0.607（0.145）	394（940）	333（80）
	伐木	1.243（0.297）	807（193）	683（163）

续表

活动项目		每分钟每千克体重活动的能量消耗kJ/（kg·min）［kcal/（kg·min）］	体重65kg男子进行10min活动的能量消耗 kJ/（kcal）	体重55kg女子进行10min活动的能量消耗 kJ/（kcal）
演奏乐器	拉手风琴	0.126（0.030）	82（20）	70（17）
	弹吉他、吹笛子、拉大提琴	0.134（0.032）	86（21）	74（18）
	弹钢琴	0.167（0.040）	109（26）	92（22）
	吹喇叭	0.251（0.060）	163（39）	138（33）
	打鼓	0.280（0.067）	183（44）	155（37）
休闲活动	庭院活动	0.226 ~ 0.297（0.054 ~ 0.071）	146 ~ 209（35 ~ 50）	125 ~ 176（30 ~ 42）
	盖土、播种、编篱笆、挖沟、割草	0.469 ~ 0.540（0.112 ~ 0.129）	305 ~ 351（73 ~ 84）	259 ~ 297（62 ~ 71）
	乘车	0.113（0.027）	74（18）	63（15）
	缓慢步行	0.201（0.048）	131（31）	110（62）
	50～55m/min	0.218（0.052）	141（34）	120（29）
	（110～120）步/min	0.318（0.076）	206（49）	174（42）
	120m/min	0.406（0.097）	263（63）	223（53）
	上下楼	0.239（0.057）	155（37）	131（31）
	跳舞（中等强度）	0.255（0.061）	166（40）	141（34）
	跳舞（剧烈）	0.347（0.083）	226（54）	197（46）
	有氧舞蹈（低碰撞）	0.368（0.088）	240（57）	202（48）
	有氧舞蹈（高碰撞）	0.481（0.115）	312（75）	265（63）
	跳绳	0.544（0.130）	354（85）	300（72）
	钓鱼	0.259（0.062）	169（40）	142（34）
运动	做体操	0.222 ~ 0.276（0.053 ~ 0.066）	142 ~ 180（34 ~ 43）	121 ~ 150（29 ~ 36）
	打太极拳	0.326 ~ 0.544（0.078 ~ 0.130）	213 ~ 355（51 ~ 85）	180 ~ 310（43 ~ 72）
	舞太极剑	0.360（0.086）	234（56）	196（47）
	打少林拳	0.506（0.121）	330（79）	280（67）
	跑步（跑走结合）时间<10min	0.411（0.98）	268（64）	226（54）

续表

活动项目		每分钟每千克体重活动的能量消耗kJ/（kg·min）［kcal/（kg·min）］	体重65kg男子进行10min活动的能量消耗 kJ/（kcal）	体重55kg女子进行10min活动的能量消耗 kJ/（kcal）
运动	慢跑	0.481（0.115）	312（75）	265（63）
	越野200m/min	0.628（0.150）	408（98）	346（83）
	爬山	0.506（0.121）	329（79）	279（67）
	划船	0.251（0.060）	163（39）	138（33）
	打高尔夫球	0.243（0.058）	158（38）	134（32）
	打羽毛球	0.314～0.381（0.075～0.091）	205～247（49～59）	171～209（41～50）
	打台球	0.176（0.042）	113（27）	96（23）
	打乒乓球	0.285（0.068）	184（44）	155（37）
	打棒球	0.289～0.34（0.069～0.083）	188～226（4～54）	159～192（38～46）
	打排球	0.218～0.318（0.052～0.076）	142～205（34～49）	121～175（29～42）
	打篮球	0.410～0.557（0.098～0.138）	267～376（64～90）	226～317（54～76）
	打网球	0.456（0.109）	296（71）	250（60）
	踢足球	0.552（0.132）	363（87）	305（73）
	滑冰	0.352～0.481（0.084～0.115）	230～312（55～75）	192～265（46～63）
	滑旱冰	0.481（0.115）	312（75）	265（63）
	滑雪	0.661（0.158）	430（103）	363（87）
	自行车（慢骑）	0.243～0.423（0.058～0.101）	158～275（38～66）	134～234（32～56）
	自行车（快骑）	0.423～0.594（0.101～0.142）	275～384（66～92）	234～326（56～78）
	游泳10m/min	0.209（0.050）	137（33）	117（28）
	游泳20m/min	0.293（0.070）	192（46）	163（39）
	游泳30m/min	0.711（0.170）	462（111）	388（93）

第二节　水与运动

水是人体的重要组成成分，具有组成细胞、排泄废物、保护组织、传输营养物质及气体、维持血液容积和调节体温等功能。水与体育运动的关系密切。运动者的水代谢远高于不运动者。运动过程中肌体大量产热，需要通过汗液蒸发的方式散发热量。

研究表明，一般人每日出汗约 0.5L，跑步 1 小时出汗量是安静时的两三倍，踢一场 90min 足球出汗量是安静时的 4 ~ 10 倍。当运动者从安静状态进入运动状态时，体内的物质代谢加强，若体内水分得不到补充，会导致肌体严重脱水，各种生理功能紊乱，造成运动循环衰竭。尤其在高温、高湿环境下进行各种剧烈运动，如一些耐力性项目（如马拉松），由于肌体排汗量增加，破坏了体内水分的平衡，从而影响运动者的运动能力，甚至危及健康。

运动者在运动、训练或比赛中补充水，可防止肌体脱水及过热症。水营养是合理营养的基础，只有保持良好的水营养，才能保证身体的健康，维持良好的竞技状态，发挥最大的运动潜能。

一、水在体育运动中的生理功能

（一）运动中能量供应依靠水的参与

水参与体内许多代谢过程。水溶解性强，能溶解多种物质。水流动性大，可加速生化反应，有利于物质运输。营养素的消化、吸收、生物氧化、运输以及代谢废物的排出都必须在水的参与下进行。体内大部分生化反应都在细胞液中进行，并由此完成各种新陈代谢和生理活动。

（二）运动时依靠汗液蒸发调节体温

正常体温的维持，是肌体产热和散热过程动态平衡的结果。肌体热产生的来源是组织细胞的各种代谢活动，安静时产热部位主要是内脏，劳动或运动时产热部位主要是肌肉和皮肤。肌肉收缩需要机械能，而能源物质碳水化合物、脂肪和蛋白质氧化提供的是化学能，肌体将这些化学能转化为机械能，转化率为 25%，其余 75%转化为热能积蓄在体内，使体温升高。肌肉产生的热能由血液带到体表，再通过汗液蒸发的方式散发。所以，运动时出汗是体温调节的重要方式，使体温不致因运动而升高。每蒸发 1L 汗水，可排出 2.4MJ（575kcal）热量。

（三）水具有润滑和缓冲作用

水是关节、肌肉和体腔的润滑剂。因为水黏度小，使摩擦面润滑，运动时能减少损伤，同时对组织器官起到一定的缓冲保护作用。

（四）水维持脏器的形态和机能

体内结合水与蛋白质、黏多糖和磷脂等结合形成胶体，使脏器维持一定的形态和坚实性；血液中游离水有利于血液循环流动。失水过多导致血液浓缩、血流减慢，影响供氧和代谢废物的排泄，导致肌肉酸痛、运动能力下降等。运动员只有在体内水分充足时，才能维持正常的生理功能，调节体温并获得最大的体能。运动时出汗多，供水量也应相应增加。

二、运动员水代谢的特点

运动员经常在高温、高湿环境下进行高强度的训练和比赛，因此与普通人相比，运动员在水代谢方面具有以下特点。

（一）出汗速率高，出汗量大

运动员在高温、高湿环境下进行高强度训练或比赛时，为排出体内产生的热会大量出汗。运动强度是影响出汗率的主要因素。运动员的出汗率与运动强度成正比，运动强度越大，出汗率越高。出汗率还与运动持续时间、环境温度及湿度、热辐射强度和运动员的适应程度等因素有关，环境温度及湿度和热辐射强度越大，出汗率越高。高强度、大运动量的训练可使运动员的出汗量大大增加。

一次高强度、大运动量的训练可丢失汗液（2～7）L。在 25～35℃进行 4 小时长跑训练，平均出汗量可达 4.51L。在温度 37.9℃、相对湿度 80%～100%的环境中踢足球 70min，出汗量高达 6.4L，出汗量达体重的 6%～10%。运动员在马拉松比赛中的出汗量可达 5L，如果运动员体重为 70kg，则失水量为体重的 7.14%。

（二）排尿量减少

高强度、大运动量，尤其是在高温、高湿环境下训练，引起大量出汗，致使肌体失水量增多，加上运动时肾血流量和肾小球滤过率降低，常常导致少尿或无尿。

（三）水从呼吸道丢失增加

人体在安静时耗氧量为 250ml/min，运动时耗氧量大大增加，马拉松赛时耗氧量可达 4L/min。运动引起肌体组织细胞代谢速率增加，氧的需要量和二氧化碳的排出量都增加，因此呼吸频率加快、幅度加深，使水分从呼吸道丢失增加，可达平时的10～20倍。

（四）代谢水产生增多

为提供足够的能量满足运动需要，组织细胞的代谢加速脂肪和蛋白质分解代谢产生的代谢水量也增多。

三、运动性脱水及其影响

（一）运动性脱水的原因

运动性脱水是指由于运动而引起体内水分和电解质（特别是钠离子）丢失过多。运动性脱水的常见原因是运动员在高温、高湿环境下训练、比赛大量出汗而未及时补水，也可见于某些运动项目如举重、摔跤等运动员为参加低体重级别比赛而采取快速减轻体重措施，造成肌体严重脱水。运动员在低温环境下运动，如登山运动，虽无大量汗液丢失，但因寒冷导致肾上腺系统兴奋，尿液增多，从呼吸道呼出的水分和皮肤蒸发的非显性出汗也较多，从而可能造成肌体脱水。

（二）运动性脱水

根据丢失水分的多少，可将运动性脱水分为轻度脱水、中度脱水、重度脱水，如表2-4所示。

表2-4　运动性脱水的症状

脱水程度	脱水部位	脱水量/体重	症状	体力下降
轻度脱水	细胞外液为主	2%	血液渗透压升高，血容量减少，血液浓缩，心脏负担增加，口渴，尿量减少	10%～15%
中度脱水	细胞内外相等	4%	严重口渴，心率加快，体温升高，感觉疲劳加重，血压降低	10%～30%
重度脱水	细胞内失水增多	6%～10%	血容量减少，心率增加，呼吸加快，恶心，食欲丧失，厌食，容易激动，精神活动减弱，严重时发生幻觉，全身乏力，无尿	严重威胁健康，意识丧失，昏迷，甚至死亡

1．轻度脱水

失水量达体重的2%左右时为轻度脱水。轻度脱水以细胞外液的丢失为主。由于血容量减少，造成运动时心脏负担加重，运动能力受到影响。轻度脱水时，表现为口渴、尿少、尿钾丢失增多。

2．中度脱水

失水量达体重的4%时为中度脱水。中度脱水不仅丢失细胞外液，还丢失细胞内液，两者的丢失量大致相等。此时可表现为脱水综合征，即严重的口渴感、心率加快、体温升高、血压下降、容易疲劳、运动能力下降。

3．重度脱水

失水量达到体重的6%以上为重度脱水。此时，细胞内液丢失量大于细胞外液丢失量。除了有中度脱水的表现外，还可出现呼吸频率增加、恶心厌食、易激怒、肌肉抽搐，严重时出现幻觉，甚至昏迷。

运动员重度脱水时可发生中暑，表现为体温升高、面色潮红、肌肉痛性痉挛、头痛、脉搏加快、虚弱、晕厥等症状。中暑极严重时可引起死亡。

发生脱水时，除心血管负担加重和体温升高等各种表现外，还可导致肾缺血及肾脏损害，出现少尿、无尿、血尿，还可引起泌尿系统结石形成。脱水对呼吸系统的影响可导致最大摄氧量下降，维持最大摄氧量的时间缩短。

对运动员而言，脱水不仅有碍运动成绩的提高，而且有损身体健康。脱水时，电解质损失造成血液浓缩、血液酸碱度发生变化、细胞内外水分及离子浓度发生变化和渗透压发生变化，这些都会使酶活性降低、细胞兴奋性下降，从而导致人体的运动能力降低，引起疲劳。

在高温环境下长时间、高强度运动，运动员因长时间出汗而引起脱水，可能发生中暑和机能衰竭，所以防止运动性脱水非常重要。

体液的丢失和运动能力的下降与环境温度、运动强度及时间有关。许多研究证明，脱水影响长时间的有氧运动能力，而在热环境中长时间有氧运动所导致的脱水，更加剧了对运动能力的影响。脱水影响有氧运动能力是通过影响体温调节和心血管功能来实现的，这种影响即使在1%的脱水情况下也会出现。脱水对无氧运动能力的影响尚不清楚。

脱水对亚极量运动和极限运动能力影响较大，而对力量型项目（如投掷、举重、摔跤等）的运动能力影响较小。失水后及时补水比补充蛋白质、糖、脂肪更为重要。

四、运动中的合理补水

（一）补水原则

脱水不仅影响运动员的运动能力，还威胁运动员的健康。因此，运动中合理补水十分重要。怎样补水才能保证合理的水营养?当脱水达体重的 2%时，人才感到口渴，而此时运动能力已开始下降，所以不能将口渴作为补水的标志。补水的主要原则是积极主动补水。

（二）补水的方式

科学的补水方式为少量多次饮水，可根据不同运动项目在运动前期、中期、后期及时补水。因为肌体中一次摄入大量水分可引起血液稀释，循环血量增加，加重心脏负担，红细胞运输氧的能力反而下降。血液中过多的水分由肾脏和汗腺排出，既增加肾脏负担，又增加能量消耗，并进一步引起矿物质损失。大量水进入胃内，稀释胃液影响食欲和消化功能，如继续运动可引起腹痛、呕吐。在补水的同时还应补充矿物质，以促进迅速复水，防止或推迟疲劳出现。

1. 运动前补水

结合个人状况、运动项目和天气等具体情况，运动前应适量补水。运动前 2h 最好摄入 400～500mL 水，对维持体温恒定、延缓脱水发生有益。运动前 15min 可少量饮水，分次饮用。运动员在参加比赛前几天应多喝水，虽然多余的水分不能在体内储存，但有利于在比赛开始时体内达到最大的水合状态。运动前不应一次性大量饮水，否则会增加胃肠道、心脏、肾脏负担，增加排尿和出汗量。但在特别炎热的天气，还应额外补液 250～500mL。

2. 运动中补水

运动中补水的目的在于防止过度脱水及过热引起的运动能力下降。运动中每隔 15～20min 补充 200～300mL 运动饮料或水，最好采用含糖和矿物质的运动饮料来补充水分及矿物质。因为在热环境下，运动饮料可被组织迅速吸收。在剧烈运动中，水的最大吸收量为 800mL/h，故每小时补水不宜超过 800mL，水温以 8～12℃为宜。运动中不宜一次性饮大量水，水在胃中停留会造成不适感，影响胃肌运动和呼吸，从而影响运动能力。

3. 运动后补水

因为运动员在运动中补水量往往小于丢失量，所以运动后也要补水，使水出入量达到平衡。补水量可根据体重丢失情况而定。运动后补水也要遵循少量多次的原则，切忌暴饮。短时间内大量饮水虽然可解一时的口渴感，但尿量和出汗量的增加，不仅加重了体内矿物质的丢失，还增加了心脏和肾脏负担。应补充含矿物质或含糖的运动饮料，以促进血容量的恢复。不可只饮用白开水。饮用白开水虽然一时解渴，但可造成血浆渗透压降低，增加排尿量，延长肌体的复水时间。暴饮白开水还会稀释胃液，影响食欲和消化功能。运动中丢失的体液应在次日晨得到基本恢复，监测体重可了解复水的程度。

第三节　矿物质与运动

一、钠与运动

（一）运动对钠代谢的影响

除了从汗液中丢失量较大外，运动员钠和氯的代谢与普通人基本相同。汗液钠的平均浓度为 1 ~ 4g/L。一般情况下，汗液中钠和氯的排出量相平行。运动员在高温、高湿环境中训练，汗液中氯化钠的平均浓度可达到 5.7g/L，运动中氯化钠的丢失量可达 25g。与安静时相比，运动中血浆钠的浓度明显升高，并可延续至运动结束。运动后血浆钠水平显著降低，可出现低钠血症。

（二）钠对运动能力的影响

钠对保持体液酸碱平衡、维持神经肌肉兴奋性和细胞功能有重要意义。在高温、高湿环境中运动，如果不注意适当补充钠盐，运动员可发生钠缺乏症状。

钠轻度缺乏时表现为食欲降低、消化不良、肌肉软弱无力等症状。钠严重缺乏时，可表现为恶心、呕吐、多尿、体温升高、心率加快、血压低、头晕、头痛、体能低下、易疲劳、肌肉疼痛、肌肉痉挛及抽搐等。

（三）膳食保障措施

大量出汗的运动中和运动后，应适当补充钠盐。大多数运动饮料含有钠盐，一般为 10 ~ 25mmol/L。运动训练时间持续 3 ~ 4h 以上并伴有大量出汗时，其间应适量补充运动饮料，以补充随汗液流失的钠盐，同时还可以预防运动后的低钠血症。伴有大量出汗的运动后，也应该适量补充含钠盐的运动饮料，以使水分保持在体内，防止脱水。在高温、高湿环境下运动，补充钠盐的多少可根据出汗量估算。出汗量 1 ~ 2L，一般不需要补充钠盐，但初练者和对热不耐受的运动员可适当补充。

考虑到钠盐会增加心、脑血管疾病的危险性，WHO 仍建议普通人每人每日食盐（Nacl）的用量不宜超过 6g（含 Na 约 2.36g）。除了从食盐中获得钠外，还可从食物和饮料中获得钠。由于运动员对钠的需要量较高，钠供给量应高于普通人。我国运动员每日钠的适宜摄入量应小于 5g，高温下运动或训练应小于 8g。

在出汗较多的训练或比赛季节，运动员在进餐时可适当多摄入含盐分较高的食物。单纯钠盐片不仅刺激性大，而且不易吸收，还可引起一时性高血钠，一般不提倡使用。饮用适量钠盐的低渗性运动饮料，是较理想的补钠方式。

二、钾与运动

（一）运动对钾代谢的影响

运动员与普通人在钾代谢上的主要差异是运动员因大量出汗而丢失大量钾。通常，人体汗钾浓度为 4 ~ 8mmol/L，但运动员在高温环境中训练，汗钾的丢失量明显增加。长跑和马拉松运动员在 22 ~ 32℃进行训练时，总钾排出量为 4 ~ 4.5g，汗钾占总钾的 46% ~ 49%，是尿钾的 1.4 ~ 1.5 倍。国外学者观察到，运动员在温度为 29 ~ 30℃，相对湿度为 40% ~ 48%的环境中跑步，钾的一日丢失量高达 6g。

与安静时相比，运动中血钾的浓度可升高，这与运动中糖原分解、细胞钾释放有关，运动后血钾水平逐渐下降至安静时的水平。但大运动量运动后，血钾水平显著低于安静时。原因是大运动量运动后糖原和蛋白质的合成使血钾进入细胞，造成血钾较低；另外，也可能由于运动中大量出汗致使钾随汗液丢失，导致血浆钾水平下降。

（二）钾对运动能力的影响

钾对肌肉收缩和神经传导有重要作用。钾轻度缺乏时，肌肉软弱无力，导致运动能力下降，并可引起肌肉的运动性损伤。钾严重缺乏时，神经传导功能受损害，神经反射减弱或消失，脉搏微弱，血压下降，心传导阻滞，心电图改变，可出现 T 波平、Q ~ T 间期延长、U 波等。运动员钾缺乏是导致中暑的一个重要原因。

（三）膳食保障措施

我国运动员每日钾的适宜摄入量为 3 ~ 4g。水果、蔬菜、鱼肉、牛肉、猪肉等食物含钾较多，可通过增加这些食物的摄入来补充钾。运动饮料含有一定量的钾盐，可适当饮用运动饮料以补钾。

另外，也可补充含钾的无机盐片剂。补钾盐时应特别注意，尽管大量补钾在肾功能正常时未出现副作用和危险，但应在运动员运动后无尿或少尿的情况正常后，再补充钾盐。

三、镁与运动

（一）运动对镁代谢的影响

在运动中，运动员血清（或血浆）镁浓度的改变与运动强度及运动持续时间有关。短时间、高强度运动使血清（或血浆）镁浓度升高，原因可能是：①运动引起血浆容积减少；②体液酸化或肌肉收缩造成细胞镁流出。长时间耐力运动造成血清镁浓度降低。一些研究者认为，由于体内的镁重新分配，镁可能从储存部位移向代谢旺盛组织（如运动肌、红细胞、脂肪组织），红细胞摄取镁可能增强运动期间红细胞的功能，也是 ATP 酶和去磷酸过程所需要的。虽然汗液中镁浓度一般低于 2mmol/L，但由于运动员的出汗量远远大于普通人，所以运动将增加镁随汗液丢失。

有人计算，如果汗液中电解质的总丢失量为 4 ~ 34mg/L，镁的吸收率为 35%，要补充 1L 汗液丢失的镁，则需要补充 10 ~ 100mg/L 的镁。运动也造成尿镁排出增加。

（二）镁对运动能力的影响

镁是调节酶活性、维持骨骼肌和心肌正常收缩、维持神经传导的必需元素。镁是体内 300 多种酶的激活剂和辅助因子，在维持酶的活性方面起作用，在维持神经信号的传递、细胞膜电位和跨膜转运的过程中起重要作用，对维持肌肉细胞的兴奋性也有重要作用，还有稳定细胞核酸结构的功能。细胞内镁的释放，可调节并维持细胞外液中镁的适宜浓度。镁作为细胞内含量仅次于钾的阳离子，对细胞内外的离子平衡、渗透压平衡和膜的通透性都有影响。

镁还可与钾一起，调节细胞内外液的 pH，在维持肌体酸碱平衡中起作用。如果肌体的镁平衡失调，可引起神经肌肉兴奋性改变。血浆中镁浓度低下可使神经肌肉电位改变，肌肉兴奋性升高，出现肌肉震颤和痉挛。镁的这些生理功能与运动能力密不可分。体内镁不足可引起食欲减弱、恶心、肌肉震颤、情绪多变等症状。低血镁常伴有低血钾。

（三）膳食保障措施

普通人镁的推荐膳食为 5 ~ 8mg/kg 体重。适量的镁对神经传导和肌肉收缩具有重要作用。运动员对镁的需要量增加，是因运动员的镁丢失较多。我国运动员每日镁的适宜摄入量高于普通人，为 400 ~ 500mg。

镁广泛存在于多种食物中，植物性食物含镁较多，粗粮、干豆、坚果、绿叶蔬菜、菌藻类含量都比较丰富，是镁的良好来源。肉、蛋、奶等动物性食物中镁含量相对较少，动物性食物中，虾米、虾皮的镁含量较高。

加工的精制食品以及油脂镁含量最低。注意膳食的合理搭配，平衡膳食结构，多食用含镁丰富的粗粮、坚果类（如核桃）、豆类、鱼类、绿色叶菜，可以基本满足人体对镁的需要。摄入大量脂肪、磷酸盐和草酸，可影响镁的吸收。从食物中摄入镁不足，吸收差以及排出镁增加，是引起镁缺乏的常见元凶。

四、钙与运动

（一）运动对钙代谢的影响

运动员常见钙缺乏或不足现象，尤其是女运动员。原因主要是钙摄入不足和钙丢失增加。

1．钙摄入不足

有 1/3 控制体重（如体操、举重、摔跤等）项目的运动员和闭经的女运动员钙摄入量不足。运动员缺乏营养知识，选择食物不当，奶制品摄入量低。

2．钙丢失增加

运动可增加钙丢失。运动员在训练和比赛中会随汗液丢失大量钙。汗液中钙含量约 2.55mmol/L（102.2mg/L），如果运动员每日出汗 3L，则约 300mg 钙随汗液丢失；如果运动员在高温环境下训练和比赛，每日出汗量可达 5～6L，随汗液损失的钙则达 500～600mg。

（二）钙对运动能力的影响

钙在维持神经和肌肉兴奋性、骨骼肌收缩、细胞信号转导等方面具有重要作用，因此钙对保持运动能力非常重要。钙缺乏可引起肌肉抽搐，长期钙摄入不足可导致骨密度下降、骨质疏松和应激性骨折。

闭经的女运动员更易发生应激性骨折。虽然目前女运动员闭经的机制尚不清楚，但骨骼密度低或骨质疏松与肌体钙营养状况、运动和雌激素水平三个因素有关。

国外资料报道，女运动员三重综合征，即饮食紊乱、闭经和骨质丢失，不仅影响运动能力，而且对女运动员短期和长期健康都可造成不良影响。

（三）膳食保障措施

奶和奶制品含钙丰富，且吸收率高，是钙的良好来源。有的运动员由于对乳糖不耐受，不吃牛奶和奶制品。乳糖不耐受者可以喝酸奶或采取每日少量多次饮奶或其他方法，如饮奶前服用乳糖酶或吃经乳糖酶处理过的奶制品。

对于乳糖完全不耐受者或在应激期间（如重大比赛）乳糖不耐受程度增加者可通过其他食物来源补钙或使用钙制剂。小虾皮、海带、豆类、芝麻酱和绿色蔬菜等含钙也较丰富。

运动项目不同，运动员对钙的需求也不同。我国运动员每日钙的适宜摄入量为 1 000～1 500mg。大运动量项目运动员、在高温环境中训练或比赛的运动员钙摄入量可考虑其上限，即 1 500mg。英国推荐 11～24 岁的闭经女运动员钙的供给量为每日 1 500mg，月经正常女运动员为每日 1 200mg，我国尚无此方面的推荐量。

五、铁与运动

（一）运动对铁代谢的影响

运动员铁缺乏一直是备受关注，并与健康和运动能力密切相关的问题。运动训练使铁的需要量增加、吸收量减少和丢失量增加。

1. 铁流失增加

运动员随汗液流失的铁较普通人多。以运动员在高温环境下出汗 4L 计算，随汗液流失的铁可达 1.54～3.70mg，长跑、竞走、足球等项目运动员每天可随汗液流失的铁约 14mg；运动员从消化道流失的铁明显增加；女运动员每次月经流失铁量也较普通人多。

2. 铁摄入、吸收不足

肌体通过小肠吸收食物铁。长跑运动员铁吸氧量仅为普通人的 1/2。运动员中普遍存在饮食结构不合理，膳食不平衡，摄入脂肪过多，蛋白质及多种维生素摄入不足的情况，影响铁的吸收利用。

3. 铁需要量高于普通人

运动员肌肉湿重每增加 10%，则多需铁 170mg；循环血量增加 9%，则多需铁约 200mg。在此基础上，再加上肌肉挤压、摩擦、组织损伤所引起的红细胞损伤、溶血，若不给予足够的营养或铁剂补充，很可能发生运动性贫血。

研究发现，女运动员铁储备状况差于男运动员。女子耐力运动员因月经流失铁，加上不良的饮食习惯，铁储备常处于低水平。膳食调查显示，女运动员铁的摄入量往往低于推荐摄入量。此外，需要控制体重和保持体形的运动项目（如体操、花样滑冰等）中的女运动员在减轻体重期间膳食总摄入量较少，也易造成铁缺乏。

（二）铁对运动能力的影响

运动可加快铁在体内的代谢，长期运动训练组织内储存铁明显下降，而铁储备低会增加发生贫血的危险性。运动员普遍存在铁营养状况不良的现象，青少年运动员、耐力项目运动员、女运动员和控制体重运动员均为缺铁性贫血的易患人群，他们的运动能力和运动成绩均会受到影响。

运动员的铁营养状况不仅与运动能力有关，而且与认知能力有关。研究表明，当运动员的铁营养状况处于缺乏或已经发生缺铁性贫血时，补充铁剂改善铁营养状况，提高运动能力的效果非常显著。如果铁营养状况良好，补铁对运动能力的改善效果则不明显。另外，铁属于过渡金属，在体内可引起自由基连锁反应。如果过量补铁，可引起铁的毒性反应，对运动能力产生不良影响。

（三）膳食保障措施

营养教育、早期检测和适当补铁是预防铁缺乏的重要措施。女运动员最好一年筛查一次，重点应放在长期节食者，月经期长、量多者，运动训练量大的耐力运动员和素食运动员等高危人群，以便早期发现铁缺乏。我国运动员每日铁的适宜摄入量为 20mg（大运动量或高温环境下训练为 25mg）。

动物性食物含有丰富的铁。动物肝脏、瘦肉、动物全血、禽肉、鱼肉、鸡蛋均是铁的良好来源。运动员应增加动物性铁的摄入。动物性铁主要是血红素铁，比植物性铁更易吸收。维生素 C 和蛋白质可促进铁吸收。肉类（如禽和鱼）与蔬菜混合食用可增加蔬菜铁的吸收，与含维生素 C 的食物（如橙汁）同时食用可增加动物性铁的吸收。黑木耳、芝麻酱、干果、豆类也是铁的较好来源。此外，使用铁制炊具同样可以有效地增加铁摄入量。

对已经出现贫血的运动员，需要进行补铁治疗。由于大剂量补铁可能引起中毒，补铁应在医生严格的监督下进行。预防性补铁应采用小剂量，每日 0.1 ~ 0.3g 不可超过 3 个月。铁中毒时会出现恶心、便秘、消化功能紊乱、肝组织中铁沉着，严重时可发生肝硬化。

六、锌与运动

（一）运动对锌代谢的影响

长期进行大运动量训练的运动员血清锌含量处于较低水平。运动员血清锌含量低下与运动员锌代谢较快、排出量增多、吸收率下降等因素有关。高温环境下训练，运动员每日随汗液流失的锌可达 5mg，且运动员在运动日尿锌排出量高于非运动日。急速、剧烈的短时间运动可使锌从尿液排出增多，运动后恢复期从尿液排出的锌减少。

可见，运动引起锌的消耗增多，运动员的锌需要量高于普通人。另外，训练期运动员肠道锌吸收率明显降低，可能是运动员发生低锌血症的重要元凶之一。训练期肠道锌吸收率降低可能与运动时肠道供血量减少有关。另有研究发现，短时间、大强度的无氧或缺氧运动，可使血清锌水平升高。

剧烈运动后引起血清锌水平变化的原因可能是：①运动导致肌肉损伤，锌从肌肉细胞中溢出入血；②运动时机体对锌进行重新分布，调节各组织器官的锌水平，将锌通过血液向需要锌的组织器官转移。例如，女子长跑运动员血清锌水平较低，而红细胞锌水平却较高。

（二）足够的锌对运动能力的影响

充足的锌对肌肉正常代谢十分重要。锌缺乏可引起肌肉生长发育缓慢和重量减轻，可能是缺锌导致骨骼肌总 RNA 减少，骨骼肌肌动蛋白 mRNA 表达下调，蛋白质合成速率下降，含锌酶活力降低。锌不足的运动员补锌，可加强运动员肌肉代谢，提高肌肉力量。

（三）膳食营养保障措施

我国运动员锌的适宜摄入量为 20mg（大运动量或高温环境下训练或比赛时为 25mg）。一般情况下，运动员通过选择富含锌的食物，可满足锌的需要量。锌的来源较广泛，贝壳类海产品（如牡蛎、海蛎肉、扇贝）、畜肉及其内脏均为锌的良好来源；蛋类、豆类、谷类胚芽、燕麦、花生等也富含锌；蔬菜、水果中锌含量较低。如果膳食供给不足，可以考虑使用营养补充剂。盲目过量补锌可能引起锌过量或锌中毒。过量的锌可干扰铜、铁和其他微量元素的吸收及利用。成人摄入 2g 以上锌可发生锌中毒，引起腹痛、腹泻、恶心、呕吐等临床症状。我国运动员每日矿物质推荐适宜摄入量如表 2-5 所示。

表 2-5　中国运动员每日矿物质推荐适宜摄入量

矿物质	适宜摄入量
钾	3 ~ 4g
钠	<5g（高温环境训练<8g）
钙	100 ~ 1 500mg
镁	400 ~ 500mg
铁	20mg（大运动量或高温环境下训练为 25mg）
锌	20mg（大运动量或高温环境下训练为 25mg）
硒	50 ~ 150μg
碘	150/μg

第四节　脂肪与运动

一、脂肪在运动中的作用

（一）运动的能源

作为能源物质，与碳水化合物相比，脂肪具有能量密度大、产能量高的特点。对能量需要量较大的运动员，体内脂肪可起到减小食物体积、减轻胃肠道负担的作用。

（二）为长时间低强度运动项目提供能量

小于 55%最大氧摄入量的长时间低强度运动，如超长距离马拉松和铁人三项等，呼出气中 25% ~ 50%的 CO_2 来自脂肪酸氧化，而高强度运动则主要由糖有氧氧化或无氧酵解供能。

（三）节约糖原，提高耐久力

高强度训练的运动员脂肪氧化分解的能力高。研究报道，高强度训练的马拉松运动员体脂少，脂肪细胞直径小，最大摄氧量高。

（四）中链甘油三酯的强大作用

中链甘油三酯（Filedium-chalntriglyceride，MCT）由含 6 ~ 12 个碳原子的中链脂肪酸组成，主要存在于椰子油、棕榈油或人工合成的氢化椰子油中。由于能量密度高［34.9kJ/g（8.3kcal）］，可提供 2 倍于等量碳水化合物所提供的能量，MCT 越来越受运动员的青睐。此外，MCT 易于吸收，比碳水化合物优先产能。如果 MCT 与等能量高碳水化合物同时食用，酮体生成量最小。

因此，为了增加每日能量的摄入量（如运动员需要增重时）或提高运动中能量的摄入，甚至立即需要能量（如增加运动饮料或食物）时，可将 MCT 脂肪加到运动员膳食中。由于 MCT 以中链脂肪酸形式直接吸收入血，其代谢程度与葡萄糖一样快，因此认为 MCT 可通过节约运动中葡萄糖的利用而提高运动能力。尽管现有的研究资料尚不肯定 MCT 确有强力作用，但在集训期，当能量摄入下降时，MCT 可用于增加能量的摄入，也可复合碳水化合物饮料或运动饮料，应用于耐力运动项目（如铁人三项、马拉松等），增加能量摄入。需要注意的是，运动员应在比赛前用 MCT，以免出现胃肠道功能紊乱。

二、运动对脂肪代谢的影响

（一）影响运动中脂肪代谢的因素

1．运动强度和运动持续时间

低强度运动（20%最大氧摄入量）时，从脂肪组织释放入血的游离脂肪酸是肌肉收缩的主要能量来源，而肌肉内甘油三酯（triglyceride，TG）脂解很少。65%最大氧摄入量的中等强度运动时，脂肪代谢最旺盛，脂肪组织和肌肉内 TG 均分解，氧化供能增加。随着运动强度增加到 85%最大氧摄入量时，游离脂肪酸进入血浆的速度显著减小，肌肉内 TG 分解不再增加。此时，肌糖原分解，乳酸堆积，抑制脂肪动员。脂肪在运动中作为能量来源的利用情况如表 2–6 所示。

表 2–6　脂肪在运动中作为能量来源的利用情况

脂肪能源物质	利用情况
血浆乳糜微粒	不是主要来源
血浆极低密度脂蛋白	不是主要来源
血浆中游离脂肪酸	主要来源，游离脂肪酸来自脂肪组织的脂肪细胞，低中强度（25% ~ 50%最大氧摄入量）运动时利用；随着运动强度的增加，利用减少
肌肉游离脂肪酸	主要来源，游离脂肪酸来自肌肉内的甘油三酯，低强度运动时利用减少；随着运动强度的增加（大于 50%最大氧摄入量）利用增加

注：在高强度（≥65%最大氧摄入量）运动时，总的脂肪氧化利用下降。

剧烈运动后，血乳酸水平增高抑制脂肪组织分解。脂肪组织分解减少使肌肉摄取游离脂肪酸减少时，肌肉中甘油三酯分解为收缩肌供能，在高强度骑自行车抗阻力力量运动中能观察到肌肉甘油三酯分解的现象。但与糖和糖原分解相比，由脂肪代谢输出最大做功能力仍相对较低。

关于运动持续时间对脂肪代谢的影响，在 25%最大氧摄入量以下的低强度运动后 2 小时与开始 30min 总脂肪和总碳水化合物的氧化几乎没有变化，可能是肌肉内能源物质（TG 和糖原）随着中等强度持续时间延长（>90min）供能减少的结果。但在65%最大氧摄入量运动时，脂肪酸进入血浆的速度和葡萄糖的利用随时间的延长逐渐加快。

2．运动训练程度

系统的体育训练会使骨筋肌线粒体数量、体积、单位重量肌肉毛细血管密度、线粒体面以及脂蛋白脂酶的活性增加。因此，训练水平高的运动员利用脂肪酸的能力强。高强度训练的马拉松运动员在70%最大氧摄入量强度下运动时，75%的能量供应来自脂肪。脂肪代谢加强，可节约糖原，提高耐力。训练有素的运动员肌肉氧化酮体的能力也比无训练者强。

3．限制肌肉细胞摄取脂肪酸的因素

脂肪组织分解产物游离脂肪酸是氧化供能的主要物质，尤其在低强度、长时间运动中。长链脂肪酸代谢是一个复杂的过程，包含许多步骤和因素。这些因素包括脂肪动员、血液中游离脂肪酸的转运、血液到肌肉细胞的转运、细胞膜的转运、脑脊髓液中的转运以及细胞内的代谢。无论是休息还是运动，脂肪动员都是影响游离脂肪酸代谢的重要因素之一。

4．限制肌肉脂肪酸氧化的因素

游离脂肪酸的氧化速度取决于三个过程：①脂肪组织和循环血中TG的水解作用以及游离脂肪酸从血浆向脑浆的转运；②肌肉内TG的可利用性和水解速度；③游离脂肪酸的活性和跨线粒体膜的转运。

在游离脂肪酸转运最充分的情况下，①②两步可能是限制脂肪氧化的主要因素。在短时间运动或长时间运动的最初阶段，脂肪组织和肌肉TG的水解作用不充分，游离脂肪酸供应不足，使游离脂肪酸氧化的速度超过游离脂肪酸的动员，导致血浆和肌细胞内游离脂肪酸的浓度下降。为了满足能量供应的需要，来自糖原的碳水化合物的氧化供能必然会增加。

最近一项研究证明，在中低强度（44%最大氧摄入量）运动时，通过抑制脂肪动员可限制游离脂肪酸的氧化。运动前摄入碳水化合物（0.8g/kg），血浆胰岛素升高，抑制脂肪的分解，减少运动中游离脂肪酸的氧化。通过注射脂肪乳剂和肝素使血浆游离脂肪酸浓度升高时，如摄入碳水化合物，脂肪氧化虽增加，但不能恢复到禁食时的高水平。这些结果表明，摄入碳水化合物（提高血浆胰岛素浓度）有抑制骨骼肌游离脂肪酸氧化的作用。

5．糖代谢水平

糖代谢增强时，脂肪分解受抑制。糖代谢障碍，生成的草酰乙酸量不足时，脂肪酸氧化生成的乙酰辅酶 A 不能与草酰乙酸缩合成柠檬酸进入三羧酸循环氧化，就会限制脂肪酸在线粒体氧化供能。

6. 肉碱

游离脂肪酸从骨骼肌细胞质进入线粒体分解需要肉碱（carnitine）转运系统。肉碱促进游离脂肪酸转移进入线粒体进行氧化代谢。基于增加肉碱摄入量可增加游离脂肪酸利用这一理论，近年来有不少使用肉碱提高运动能力的研究报道，但其效果尚无一致的结论。

7. 其他

肌肉供氧充足时，游离脂肪酸浓度增高，抑制肌肉摄取葡萄糖。脂肪分解需要脂肪酶，因此脂肪酶活性是影响脂肪利用的重要因素。

（二）运动对血脂、脂蛋白及其受体的影响

运动可以促进血液循环，增加血液中的脂肪分解，从而达到降低血脂的效果。这主要是通过运动对身体的代谢速度加快，促进血液中脂肪的代谢和分解来实现的。运动可以降低甘油三酯水平，并使好的高密度脂蛋白胆固醇增加 5%~10%，对脂质代谢产生有利影响。这些影响主要归因于运动对身体的代谢状态的改善，以及运动对身体的应激反应的促进。适当的运动量和强度能够改善血脂构成，纠正人体生理、生化代谢失调，使脂质代谢朝着有利于健康的方向发展。

运动对身体脂质代谢有着积极的影响，可以帮助身体降低血脂水平，改善血脂构成，提高身体的代谢健康水平。但需要注意的是，长期不运动或缺乏运动可能会对身体脂质代谢产生不利影响，因此应该保持适当的运动量和强度。

三、运动员的脂肪需要量和参考摄入量

运动员膳食脂肪的适宜供能比应为 25% ~ 30%。饱和脂肪酸、单不饱和脂肪酸、多不饱和脂肪酸三者之比应是 1∶1∶（1 ~ 1.5）。

世界各国运动员膳食调查结果显示，当运动员脂肪摄入量过高（占总能量的 35% ~ 45%）时，脂肪代谢产物蓄积会降低耐力并引起疲劳，摄入过多脂肪还会降低蛋白质和铁等营养素的吸收利用；高脂肪常伴大量胆固醇的摄入引起高脂血症。

因此，应适当限制运动员膳食中的脂肪的摄入量。但如果脂肪含量不足，食物的质量和色香味受影响，会造成运动员食物摄入量的减少，而且运动员的膳食要求量少而质精，能量密度高，所以又不可过多减少脂肪的供给量。

登山运动员因运动地点的限制经常处于缺氧的状态，膳食中的脂肪含量应比其他项目的运动员要少。游泳及冬季运动项目，如滑雪、滑冰等，因运动员肌体散热量大，食物中脂肪量可以比其他项目高些，但也不应超过总能量的35%。

第五节　维生素与运动

一、运动对代谢和维生素需要量的影响

运动训练能够增强体内能量的代谢，维生素是能量代谢的辅助因子，适量摄入有利于能量生成并改善神经系统功能。运动量加大时，维生素需要量增加的幅度超过按能量比例计算的数值。研究已证实，肌肉运动可加速维生素缺乏症的发生，并使其症状加重。

运动员维生素的需要量高于一般人群，原因可能是：①运动训练使胃肠道对维生素的吸收率降低；②运动员汗液、尿液及粪便令维生素排出量增加；③维生素在体内的周转率加快；④高强度运动训练的初期适应和剧烈运动训练使能量代谢速度突增。

一般情况下，运动员摄入平衡膳食即可达到各种维生素的生理需要量。运动员在能量摄入充足时，中、低强度运动训练不会引起维生素营养状况恶化，但营养调查结果常显示运动员存在边缘性维生素缺乏。

值得注意的是，目前对运动员的维生素营养状况缺乏经常性监测，维生素的吸收程度及其在食品加工、储存、制备过程中的损失常被忽略。运动员的膳食营养素供给量标准尚不完善，还不能准确评价运动员的维生素营养状况。

运动员是维生素补充的主要目标人群，额外补充维生素的目的是增强运动竞技能力，延缓疲劳发生并加速能量供应。

尽管缺乏摄入大剂量维生素可提高运动能力的证据，但许多运动员仍采用大剂量补充维生素的措施，补充剂量超过供给量的10倍，甚至上千倍，

不仅花费大，而且脂溶性维生素如维生素 A 和维生素 D 可在体内蓄积，引起中毒，危害健康。

二、维生素与运动能力

维生素与运动能力的关系已引起广泛重视。维生素参与肌体的各种代谢过程，缺乏或不足时会对运动能力产生不利影响。

维生素轻度缺乏，表现为倦怠、食欲不振、头痛、便秘、易怒、疲劳、活动能力减弱、抵抗力下降、做功量减少、运动效率降低；维生素进一步缺乏，可导致生活能力及组织器官功能衰退。

维生素补充与运动能力关系的研究结果不一致。有报道，受试者食用维生素 B_1、维生素 B_2、维生素 B_6 和维生素 C 含量低的饮食（摄入量仅能满足 1/3 需要量），八周后四种维生素轻度或中度缺乏，有氧做功量降低 16%，无氧阈值降低 24%；再以 2 倍维生素需要量进行补充，两周后受试者的运动能力得到改善，但未能恢复到缺乏前状态，可能与体内维生素营养状况未完全恢复有关，且维生素要在体内转变成辅酶才能发挥作用。因此，在赛前纠正 B 族维生素缺乏状况，应在比赛 2 ~ 3 周前补充，补充时间短可能无作用。

目前，尚缺少单独补充维生素 B_1、维生素 B_2、维生素 B_6 和维生素 C 可提高运动能力的有力证据。维生素 B_1、维生素 B_2、维生素 B_6 和维生素 C 缺乏，将影响红细胞转酮醇酶活力和有氧运动能力。

运动员补充 1 ~ 3 个月的 B 族复合维生素，虽然血中维生素水平和红细胞转酮醇酶活力增加，但运动能力未见改善。

VanderBeck 给运动员补充多种维生素，观察到运动员的最大摄氧量、射击准确性和神经肌肉兴奋性得以改善。但另一些研究未观察到维生素 B_1、维生素 B_6 和维生素 C 营养状况与最大摄氧量或其他运动能力间有任何联系。

维生素 B_{12} 缺乏可降低红细胞携氧能力，影响最大有氧运动能力和亚极量运动能力，但运动员与普通人一样，维生素缺乏罕见。

目前未见有关补充维生素 A 和维生素 D 引起运动能力改变的报道。补充维生素 A 对运动能力无作用。对均衡膳食、维生素 A 营养状况良好的运动员，不需要额外补充维生素 A。胡萝卜素和维生素 A 的抗氧化作用是否能降低自由基所致运动损伤仍需要进一步研究。

补充维生素 E 对提高高原训练的运动能力有一定作用。受试者补充维生素 E 后，在海拔 1 667m 处最大摄氧量增加 9%；在海拔 5 000m 处最大摄氧量增加 14%。Nagawa 等还发现，补充维生素 E 后，运动员在海拔 2 700m 和 2 900m 高度上进行力竭运动后血乳酸浓度显著下降。

一般运动训练状态下，不提倡补充维生素 E，尤其是补充大剂量维生素 E，因为大剂量维生素 E 可减弱蛋白质分解。有国外学者曾提出，蛋白质分解是刺激运动后蛋白质合成所必需的。补充维生素 E 对体能的影响仍缺少证据，维生素 E 与运动致肌肉酸痛和损伤以及肌肉蛋白质转换之间的关系有待进一步研究。

缺乏维生素可导致工作能力下降，纠正维生素缺乏或不足，可提高运动能力。但如果运动员体内维生素状况已处于良好水平时，额外甚至超常量补充（DRI 的 10 倍或更多）一种或几种维生素制剂，效果往往不明显。

过量补充某种维生素会引起体内维生素失衡。过量摄入脂溶性维生素 A 和维生素 D，可在体内蓄积而引起中毒，如维生素 D 中毒可引起异位钙化。过量补充水溶性维生素也会引起严重的副作用，如维生素 C 摄入过量，可引起胃肠道不适、维生素 B_{12} 缺乏、尿液酸化及草酸结石形成、肾脏及膀胱损害等毒性作用。所以，有必要对运动员维生素营养状况进行定期监测。

三、运动员的维生素参考摄入量

（一）维生素 B_1

运动可增加维生素 B_1 的需要量。维生素 B_1 的需要量与运动强度以及气温条件等因素有关。体力活动时，维生素 B_1 的消耗量增加，排出量减少。

此外，运动员维生素 B_1 的需要量还与运动负荷量有关。耐力运动和神经系统负担较重的运动项目如游泳、马拉松、体操、乒乓球等项目需要较多维生素 B_1。

有报道提出，维生素 B_1 的供给量为 5mg/d 时，游泳运动员的耐久力增加；马拉松运动员每日维生素 B_1 摄入量达到 10mg 时才能保持机能正常；乒乓球运动员每日摄入 4mg 维生素 B_1 时，尿排出量才能达到正常水平。

我国运动员维生素 B_1 适宜摄入量为 3 ~ 5mg。因此，应尽可能从食物中摄取维生素 B_1，必要时可采用维生素 B_1 制剂。

（二）维生素 B_2

训练可能增加维生素 B_2 的需要量。虽然我国优秀运动员维生素 B_2 缺乏或不足的检出率低于维生素 B_1 缺乏或不足的检出率，但仍有 20%～30%的运动员处于维生素 B_2 不足或边缘性缺乏状况。因此，应特别关注生长发育期的少年儿童和能量消耗大、控制体重以及素食运动员的维生素 B_2 营养状况。我国运动员维生素 B_2 每天适宜摄入量为 2～2.5mg。

（三）其他 B 族维生素

由于运动引起代谢加速，Manore 建议运动员和运动活跃人群应增加维生素 B_6 摄入量。

从理论上讲，维生素 B_6 耗损会影响糖原分解和无氧代谢能力，但糖原磷酸化酶不是糖原分解的限速酶，维生素 B_6 耗损时其活力变化不大，不影响糖原代谢；维生素 B_6 严重耗损会影响血红蛋白的合成，影响氧的转运。

因为运动中氨基酸分解功能不超过总能量的 10%，尚不清楚维生素 B_6 不足对氨基酸分解的影响是否会损害运动能力。

我国运动员维生素 B_6 适宜摄入量为 2.5～3.0mg。维生素 B_{12} 缺乏较罕见，但完全素食人群容易发生缺乏，故完全素食的运动员应注意适量补充维生素 B_{12}。我国运动员维生素 B_{12} 适宜摄入量为 2μg。

（四）维生素 C

运动可增加维生素 C 的需要量。一次运动可使血中维生素 C 含量增加，而组织器官中维生素 C 含量减少。

为使体内维生素 C 达到饱和水平（口服维生素 C 500mg 后，应达到 4h 尿排出量为负荷量的 50%），运动员在训练期维生素 C 的适宜摄入量为 140mg/d，比赛期间为 200mg/d。

改善运动员维生素 C 的营养状况，最好通过增加膳食中的新鲜蔬菜、水果来增加维生素 C 的摄入量。

（五）脂溶性维生素

运动员维生素 D 和维生素 E 缺乏的情况少见。维生素 A 的需要量随运动强度、生理状况及视力紧张程度而变化。

有报道提出，运动员在高原或低氧条件下训练，补充维生素 E 有提高最大摄氧量、减少氧债和降低血乳酸的作用。

维生素 E 毒性较低，但过量补充维生素 E 可减弱白细胞杀菌能力，且增加维生素 K 的需要量，当补充量达到 200 ~ 1 000mg 时，可出现消化功能紊乱、软弱无力等症状。

因此，在高原训练情况下，维生素 E 的补充应适量。室内训练的运动员应适量增加维生素 D 的摄入。

我国运动员每日维生素适宜摄入量（AI 值），如表 2-7 所示。

表 2-7 中国运动员每日维生素适宜摄入量（AI 值）

维生素	AI值
维生素B_1	3 ~ 5mg
维生素B_2	2 ~ 2.5mg
维生素B_6	2.5 ~ 3.0mg
维生素B_{12}	2μg
烟酸	20 ~ 30mg
叶酸	400μg
维生素C	140mg（比赛期200mg）
维生素A	1 500μgRE（视力紧张项目1 800>μgRE）
维生素D	10 ~ 12.5μg
维生素E	30mg（高原训练30 ~ 50mg）

第六节 碳水化合物与运动

一、碳水化合物在运动中的作用

（一）提供运动所需的能量

短时间、高强度运动所需能量绝大部分由碳水化合物（糖）供给，长时间、低强度运动也首先利用糖氧化供给能量，可利用糖耗竭后才动用脂肪或蛋白质提供能量。在运动中，肌肉摄取葡萄糖的量可达安静时的 20 倍或更多。葡萄糖容易氧化，且氧化完全，代谢终产物二氧化碳和水不会增加体液的酸度。糖氧化时耗氧量少，消耗等量氧，糖的产能效率比脂肪高 4.5%，这一优点在供氧不足的情况下尤为重要，有时可成为决定比赛胜负的主要因素。

（二）延缓疲劳发生

肌糖原耗竭或低血糖与长时间运动疲劳有关，原因是肌肉内 ATP 不断合成的原料是糖和脂肪。运动前、中、后补糖有提高耐力的作用。补糖不仅可以提高耐力项目运动员（如马拉松、铁人三项、长距离骑车或游泳等，以及运动时间在 45min ~ 2h 以上的训练或比赛）的运动能力，而且对持续 3 ~ 6min 高强度的间歇性运动（如球类）或高强度冲刺性运动也有作用。补糖的强力作用机制尚不清楚，可能与肌肉内糖的高利用度有关。糖提高运动能力与运动中糖的可利用度和糖的氧化率有关。

葡萄糖可透过血脑屏障营养神经细脑，大脑因缺乏营养物质储备，主要依靠葡萄糖氧化供应能量。血糖浓度降低时，首先影响中枢神经系统，产生疲倦或头晕等症状。有报道提出，补糖可使血浆甘油三酯分解减少，游离脂肪酸浓度降低，同时使游离脂肪酸与色氨酸竞争白蛋白结合位点的作用减弱，从而使血浆中浓度降低，游离色氨酸/支链氨基酸随之降低。色氨酸是 5-羟色胺的前体物，5-羟色胺浓度降低可使中枢神经系统疲劳后延。有报道提出，补糖 5mL/（kg·h）与补水比较，血浆游离色氨酸浓度显著下降，肌肉、心血管和代谢功能方面疲劳指标均好转。此外，摄入糖对预防神经性低血糖症有益。

（三）减轻运动致免疫应激

运动中补糖使血糖浓度保持正常水平，减少应激激素的分泌，调节免疫功能。血糖下降与下丘脑—垂体—肾上腺活化有关，补充糖可使皮质醇和生长激素减少，粒细胞、单核细胞吞噬作用及炎性细胞因子等反映免疫应激程度的指标均有改善。

（四）增加饱腹感

摄入吸收缓慢和不易消化吸收的碳水化合物，能延长出现饥饿感的时间。

二、运动前、中、后补糖的意义

体内糖储备包括肌糖原、肝糖原和血糖三类。肌糖原约 250g，是含量最大的糖储备，肝糖原共计 75 ~ 90g，血糖仅 5 ~ 6g。体内糖的储备总量为 300 ~ 400g。大于 1h 的运动如长跑、长距离游泳、自行车、滑雪、马拉松、铁人三项、足球、冰球、网球等，可耗竭体内糖储备。

糖原耗竭影响运动能力，特别是耐久力。运动前或运动中适量补充糖有利于维持血糖水平并提高运动能力，延缓疲劳的发生。

肌糖原储备充足的足球运动员与肌糖原储备不足者相比，冲刺的次数多，跑步的总距离也长，说明糖原储备明显影响运动能力。体内糖原水平对耐力有明显影响，并受膳食碳水化合物补充量的影响，如表 2-8 所示。

表 2-8　膳食对肌糖原水平和耐力的关系

膳食	肌糖原（g/100g湿肌肉）	运动至衰竭的时间（min）
混合膳食	1.73	113.6
高脂肪、高蛋白质	0.63	56.9
高碳水化合物	3.31	166.5

肌糖原水平的降低与疲劳和运动性损伤的发生关系密切。运动前补糖可增加体内肌糖原、肝糖原储备和血糖浓度。运动前体内肌糖原含量越高，运动到衰竭的时间（耐久力）越长。

运动中补糖可提高血糖水平、节约肌糖原、减少肌糖原消耗，从而延长运动时间。运动后补糖是为了加速肌糖原恢复和能量供应。

三、补糖的方法和措施

（一）运动前、中、后的补糖

1. 运动前补糖

可在大运动量前数日内增加膳食碳水化合物至总能量的 60% ~ 70%，也可采用改良的糖原负荷法（在赛前一周内逐渐减少运动量，赛前一天休息，同时逐渐增加膳食中碳水化合物的量至总能量的 70%），或在赛前 1 ~ 4h 补糖 1 ~ 5g/kg（赛前 1h 补糖时宜采用液体糖）。

关于避免在赛前 30 ~ 90min 补糖，预防血中胰岛素升高的理论，现有不同的观点和争论。有人提出，运动前摄入糖，使血糖和胰岛素水平增加，虽然肠道进行性吸收糖，但运动开始时，由于血胰岛素升高，肌肉收缩运动使肌肉摄取葡萄糖增加以及肝糖原输出抑制等联合作用，使血糖下降；另有人提出，运动开始后，肾上腺素和去甲肾上腺素释放，会抑制胰岛素的分泌，因此血糖仍然升高。

考虑到影响血糖因素的复杂性，如胰岛素、肌肉收缩活动对肌肉葡萄糖摄取的影响，胰岛素、儿茶酚胺刺激和抑制的平衡，肝糖原输出量和糖吸收量等，建议在使用补糖措施提高运动能力时，应提前进行适宜补糖时间的试验。

一般认为，运动前补糖有利于扩大体内糖池，增加糖的可利用度和氧化率。因此，仍主张运动前在不影响胃肠道功能的情况下，尽量多补充糖。

2．运动中补糖

每隔 30～60min 补充含糖饮料或容易吸收的含糖食物，补糖量一般不大于 60g/h（1g/min）。可以采用含糖饮料，少量多次饮用，也可以在运动中使用易消化的含糖食物（如面包、蛋糕、巧克力）等。

3．运动后补糖

应优先恢复内源性糖原消耗。开始补糖的时间越早越好，最好在运动后即刻或最初 2 小时内补糖 50g，以后每隔一两个小时连续补糖。运动后 6h 内，肌肉中糖原合成酶含量高，可使进入肌肉的糖达到最大量，补糖效果最佳。补糖量为 0.75～1.0g/kg，24h 内补糖总量达到 9～16g/kg（为 500～600g 糖）。

（二）补糖类型

1．葡萄糖

葡萄糖吸收最快，最有利于肌糖原合成。

2．果糖

果糖吸收后主要在肝脏进行代谢，其合成肝糖原的量约为葡萄糖的 3.7 倍。果糖引起胰岛素分泌的作用较小，因此不抑制脂肪酸动员，但使用量大时，可引起胃肠道功能紊乱。果糖的使用量不宜超过 35g/L，并应与葡萄糖联合使用。

3．低聚糖

低聚糖一般由 3～8 个单糖组成，甜度小，渗透压低（为葡萄糖的 1/4），吸收速度比单糖和双糖慢。因此，可通过补充低聚糖使运动员获得较多的糖。

4．淀粉类食物

淀粉类食物含糖量为 70%～80%，但释放慢，因此会引起血糖或胰岛素突然升高。除含有多糖外，淀粉类食物还含有维生素、矿物质和纤维素，可在赛后的饮食中补充。

由于个体对摄入糖反应的差异较大，建议运动员试用不同类型、不同浓度及口感的饮料，有报道提出，运动后早期（小于 6 小时）摄入葡萄糖或蔗糖，肌糖原的储备率高于摄入果糖。此外，补糖时应同时补充蛋白质，以增加血浆胰岛素敏感性，从而增加运动后糖储备。

（三）血糖指数及其在运动营养实践中的应用

1. 血糖指数（GlycemicIndex，GI）

这一指标是由加拿大营养学家于 1981 年首次提出，是一个衡量碳水化合物对血糖反应的有用指标。其最大特点是避免了个体间对碳水化合物食物的绝对血糖反应差异较大的问题。

血糖指数是指分别摄入含 50g 碳水化合物食物和 50g 碳水化合物参考食物（葡萄糖或白面包）后 2 小时血浆葡萄糖耐量曲线下面积之比值。GI 越小的食物，血糖升高的程度越小，故 GI 在糖尿病饮食疗法和肥胖控制的临床实践中发挥了举足轻重的作用。

事实上，GI 也反映出各种碳水化合物食物的消化吸收速度。研究证实，食物的形式、加工及烹调的程度、淀粉中支链淀粉与直链淀粉的比例、是否含果糖或乳糖（两者 GI 较低）以及其他一些抗营养物质（如植酸盐、PHA）等，都或多或少影响食物的消化吸收，因此也会不同程度地影响碳水化合物食物的 GI。表 2-9 所列是常见食物的 GI。

表 2-9　碳水化合物食物的血糖指数

食物		血脂指数	
		（葡萄糖＝100）	（面包＝100）
高血糖指数（＞70）	葡萄糖	100	140
	粟米片	84	119
	可可米	77	110
	即食土豆糊	83	118
	运动饮料	95	136
	白面包	70	101
	维生素早餐麦片	70	100
中血糖指数（55～70）	1 分钟快熟麦片	66	94
	穆兹利谷类麦片	68	97
	汽水	68	97
	杧果	55	80
	橙汁	52	74
	蔗糖	65	92

续表

食物		血脂指数	
		（葡萄糖=100）	（面包=100）
低血糖指数（<55）	成熟的香蕉	52	74
	粥品	49	70
	含多种谷物的面包	45	64
	牛奶	27	39
	巧克力	49	70
	苹果	36	52
	橙子	43	62
	果糖	20	28

注：GI 是以葡萄糖为参考食物计算得来的，所得的数值乘以 1.42，可转化为白面包的标准

2. 血糖指数对运动营养的指导作用

在运动营养领域，通过控制 GI 来调节糖类的摄入，可以提高运动成绩。有越来越多证据支持使用 GI 制定运动中的补糖策略。

研究证明，低 GI 食物，可以温和地提高血糖水平，因此富含低 GI 的膳食可以保证肌体的碳水化合物持续并稳定供应，节约糖原，改善耐力水平，是一种适宜于长时间运动之前补充的良好碳水化合物来源。

相反，高 GI 的食物能提高血糖水平和胰岛素反应，因此有助于运动后提高血糖水平和增强胰岛素反应，有利于糖原储备，运动后补充较为有利。

GI 为制定训练中碳水化合物补充策略提供有用信息，可作为碳水化合物选择的参考指标。

四、运动员碳水化合物参考摄入量

运动员膳食中碳水化合物供能比应为总能量的 60%左右，美国国家健康与医学研究委员会推荐碳水化合物供能比至少占 50%～55%。

还有人建议，进行长时间运动时应增加碳水化合物的摄入量至总能量的 65%，高强度耐力训练运动员的碳水化合物供给量应占总能量的 60%～70%，中等强度运动时为 50%～60%，缺氧运动项目为 65%～70%。

我国运动员每日碳水化合物适宜摄入量为总能量的 55%～65%，耐力项目可以增加到 70%。

第七节　蛋白质和氨基酸与运动

一、蛋白质和氨基酸在运动中的作用

（一）营养强力作用

高蛋白质饮食可有效增加肌肉组织，采用高蛋白质膳食（2.8g/kg）的进行有氧和力量训练 40 大，与食用等能量中等蛋白质膳食（1.39g/kg）的比较，高蛋白质膳食者组织蛋白质增加更为明显。但关于力量训练对氨基酸代谢的影响尚不十分清楚。在适量蛋白质营养支持下，肌肉组织仅在一段时间进行力量训练后才增加。进行力量训练者，尿氮排出量减少，提示摄入的蛋白质有一部分存留用于构建组织蛋白质。

运动员常用的蛋白粉或单一氨基酸加支链氨基酸、赖氨酸、精氨酸和鸟氨酸作为膳食补充。对于运动员来说，蛋白粉可用作增加总蛋白质摄入量的一条途径，增加肌肉重量，修复运动所致肌肉组织损伤。但没有证据证明蛋白粉或氨基酸是比天然食物更好的蛋白质来源，或强力作用更显著。

在运动中，由于肌肉利用支链氨基酸作为能源，血液氨基酸水平下降。故有人假设，运动中供给支链氨基酸补充剂有助于维持血液支链氨基酸水平，减少内源性蛋白质分解，从而改善运动能力。但目前没有充分的证据支持该假说。

人生长激素促进合成代谢，具有刺激肌肉生长和促进脂肪分解的作用，因此认为增加这些激素分泌能改善肌肉质量和力量。精氨酸、赖氨酸、鸟氨酸可刺激垂体分泌生长激素。但没有研究证实，单一和复合氨基酸（如鸟氨酸和精氨酸）作为膳食补充可增加力量、爆发力和促进人生长激素或胰岛素的产生。

（二）氧化功能

蛋白质在运动中供能的比例相对较小。研究报道，氨基酸氧化可提供运动中 5%～15%的能量。在体内肌糖原储备充足时，蛋白质供能仅占总能量的 5%左右。大多数运动情况下，蛋白质提供 6%～7%的能量。在肌糖原储备耗竭时，氨基酸供能可上升至 10%～15%，但要取决于运动的类型、强度和持续时间。氨基酸主要通过丙氨酸—葡萄糖循环供能。

（三）补充支链氨基酸可预防运动性中枢疲劳

5-羟色胺是中枢抑制性神经递质。一些研究发现，当运动致使疲劳出现时，脑内的5-羟色胺酸水平增高，因此提出了中枢疲劳（exercise inducing central fatigue）与5-羟色胺有关的假说。

5-羟色胺的合成原料为色氨酸，游离色氨酸通过血脑屏障时与支链氨基酸（branched chain amino，BACC）共用一个转运通道，它们之间存在竞争性抑制。运动使血中支链氨基酸水平下降，引起脑内的5-羟色胺含量增加，致运动性中枢疲劳，使运动能力下降。由于血支链氨基酸水平降低，对色氨酸通过血脑屏障的竞争性抑制消失，使更多的色氨酸进入脑中产生大量5-羟色胺。

目前，有关补充支链氨基酸可提高运动能力或者预防运动性疲劳的证据不多。Blomstrand等观察到，补充支链氨基酸可减轻中等强度运动（70% VO_2 max 60min）后自觉力竭和精神疲劳的程度（降低7%），但对最大强度运动无效。Mattleman等报道，补充氨基酸后，在热应激条件下使中等强度运动能力增强。耐力运动人群补充支链氨基酸的结果显示，单独补充支链氨基酸比支链氨基酸加糖的效果好。支链氨基酸使用量大时，血氨水平升高幅度大，因此小剂量补充较好。

（四）含硫氨基酸的抗氧化作用

含硫氨基酸可直接参与抗氧化体系。例如，半胱氨酸（Cys）可以参与谷胱甘肽（GSH）的合成。谷胱甘肽是一种重要的抗氧化剂，可以清除体内的自由基，保护细胞免受氧化损伤。

含硫氨基酸可以影响体内的氧化还原平衡。例如，甲硫氨酸（Met）和半胱氨酸（Cys）可以参与维持谷胱甘肽（GSH）和谷胱甘肽过氧化物酶（GPx）的水平，这些物质在体内起着抗氧化剂的作用，保护细胞免受氧化损伤。

二、过量补充蛋白质和氨基酸的副作用

在进行渐进性的力量训练时，适宜的蛋白质营养支持可以增加肌肉，但过量补充氨基酸或蛋白质可引起以下副作用。

（1）蛋白质的酸性代谢产物增加肝、肾疲劳。

（2）大量蛋白质导致肌体脱水、脱钙、痛风。

（3）高蛋白质对水和无机盐代谢不利。

（4）高蛋白质食物常伴随高脂肪摄入的危险性。肾负担，导致肝和肾肿大并易痛风。可引起泌尿系统结石和便秘。会增加动脉粥样硬化和高脂血症。

（5）运动员摄入单一氨基酸，会改变氨基酸池的平衡。

此外，过多蛋白质和氨基酸还可引起胀气、便秘或腹泻等胃肠道不适。因此，运动员在食用平衡膳食时，不必补充氨基酸，尤其不要过量补充氨基酸或蛋白质。

三、运动对蛋白质代谢和需要量的影响

（一）运动调节肌肉组织蛋白质的合成和分解

在运动时，肌肉组织蛋白质合成被抑制，蛋白质的适应性合成仅在肝脏进行。此外，其他组织蛋白质的分解代谢也可能增加。尚无事实证明，运动肌肉中的收缩蛋白分解。肌肉中蛋白质合成抑制的结果，使不被利用的氨基酸留存在代谢池内，代谢池中可利用的游离氨基酸增加。

在运动时，代谢池中的游离氨基酸浓度和丙氨酸—葡萄糖循环串增加，这与运动引起的糖皮质激素水平增高及胰岛素水平降低有关。在运动后的恢复期，适应性蛋白质合成增加和蛋白质分解率增加，使蛋白质转换率升高。用稳定性同位素示踪法研究运动中蛋白质代谢表明，运动对蛋白质的合成与分解有明显的影响，但尚不清楚个别氨基酸代谢的变化是否影响具长期的需要量。

（二）运动促进支链氨基酸代谢

应用同位素 13C 标记亮氨酸的恒定灌注技术，观察到在 50%VO_2 max 强度下运动 2h，亮氨酸升高的绝对值相当于该氨基酸需要量 90%。运动也刺激肌肉组织丙氨酸的释放。一次剧烈有氧运动后，亮氨酸的氧化增加数倍，肌肉释放氨基酸和氨增加约 40%，尿素氮水平和运动后尿氨增加。这些变化提示长时间耐力运动使氨基酸代谢加强。

长时间运动时，动物肢体选择性摄取支链氨基酸，说明运动提高肌肉氧化支链氨基酸的能力。是否所有支链氨基酸氧化都增加，尚待进一

步研究。

（三）运动增加肌体蛋白质的需要量

训练状态、运动类型、强度和频率等均影响运动员蛋白质需要量。运动员在剧烈运动训练初期，由于细胞破坏增加、肌蛋白和红细胞再生等合成代谢亢进，以及应激时激素和神经调节等反应，常发生负氧平衡，甚至运动性贫血。而经过一段时间适应后，氧平衡得到改善，因此在大运动量训练的初期应适当增加蛋白质摄入量。

日本学者报道，蛋白质摄入量达2g/kg以上即可防止运动性贫血的发生。长时间剧烈耐力运动训练使蛋白质代谢加强，增加了蛋白质需要量；力量训练因肌肉组织增加，也需要适当增加蛋白质的摄入量。运动强度大，训练次数多，蛋白质代谢加强，需要量增加。

另外，在下列情况下蛋白质需要量应适当增加。

（1）能量摄入不足和糖原储备不足，蛋白质的需要量可增加 10%。如果膳食中碳水化合物充足，不仅使肝脏和肌肉糖原维持在较高的水平，还具有节约蛋白质的作用。

（2）控制体重项目运动员，需要适当增加蛋白质营养素密度高的食物，以满足该项目的需要，蛋白质供能比可达到总能量的 18%。

（3）素食者膳食中应有足量优质蛋白质。

（4）生长发育期的儿童青少年参加运动训练时，应增加蛋白质摄入（10%～15%），以满足生长发育的需要。根据氮平衡实验的结果，青少年运动员蛋白质需要量为 2～3g/k 体重。

（5）运动员在训练中出汗量较多时，特别是在高温环境下，汗氮的流失可占氮排出量的 10%～14%，使蛋白质需要量增加。

四、运动员蛋白质参考摄入量

运动员的蛋白质需要量比一般人的需要量高。日本以及一些东欧的国家提出，2g/kg 蛋白质可满足运动员的需要；而西欧的一些研究报告提出，1.4g/kg（1.2～1.7g/kg）蛋白质即可满足运动员的需要。根据氮平衡实验结果，我国运动员蛋白质的适宜摄入量占总能量的 12%～15%，1.2～2.0g/kg 体重，其中包括蛋白质或氨基酸营养补充剂。

国外运动员蛋白质需要量的估计如表 2-10 所示。

表 2-10　国外运动员蛋白质需要量的估计

目标人群	蛋白质需要量［g/（kg·d）］
静态生活（男、女）	0.84
优秀男子耐力运动员	1.6
中等强度耐力运动员	1.2
业余耐力运动员	0.84
力量运动员（早期训练、足球/橄榄球）	1.7
力量运动员（稳定状态）	1.2
业余和治疗的力量运动	0.84
女运动员	比男运动员减少 25%

运动员的蛋白质摄入不仅应在数量上满足需要，在质量上优质蛋白质应占至少 1/3 以上。从目前膳食标准和膳食结构来看，我国绝大多数运动员的蛋白质供给是超标的。提倡增加植物性蛋白质比例，可采用谷类主食和豆类食物混合食用。

第三章　宏观视角下的运动生理学与人体健康

第一节　竞技运动与人体健康

一、竞技运动的内涵

从狭义来讲，竞技运动是在全面发展身体，最大限度地挖掘和发挥人的体力、心理、智力等方面潜力的基础上，以提高运动技术水平和创造优异运动成绩为主要目的的一种活动。

从广义上来讲，竞技运动是包括纯粹的竞赛活动和针对其的专门训练，以及在这一活动的基础上形成的特殊人际关系和行为规范。

二、竞技运动的发展与主要方向

竞技运动是一种具有竞争性、挑战性、规则性和不确定性的身体娱乐活动，它是以竞技、竞争和竞赛为主要目的的身体娱乐活动的过程。现代竞技运动主要源于英国，其中以户外游戏为主，这些游戏逐步组织化的过程就是逐步演变成现代竞技运动的过程。

现代竞技运动由游戏向职业竞技发展的组织化过程，通常可以分为五个阶段：游戏—非正规比赛—半正规比赛—正规比赛—职业比赛。这五个阶段越向高层次发展，其组织化、程序化、规范化、系统化、技术化和规则化等特征表现的程度就越高。

现代竞技运动由游戏向职业竞技发展的过程中，规则的变化起着重要的作用，它制约着竞技运动的发展层次、类型及其各种属性的表现强度，没有规则，就没有竞技运动。游戏可以自定规则，非正规比赛可以让参与者协商酌定，半正规比赛可以对正规比赛规则进行修改，到了正规比赛以上层次，其规则就不再由参与者确定，而是由国际单项运动协会制定。

三、竞技运动的练习形式

竞技运动涉及的内容很多，主要有田径、体操、球类、武术、游泳等。所有这些竞技运动，对人体都有积极作用，能促进生长发育，增强体质，增进健康和延年益寿。但由于项目不同，活动形式各异，对参加活动的运动系统和各器官机能的影响有明显的差别。

因此，提高健康水平、运动技术和学习训练的质量，首先要了解人类从事竞技运动时所采取的练习形式及特点，做到有的放矢。人在从事竞技运动时的外在表现是人体运动，即人体的空间移动使人体各部分的相互关系发生变化。完成这些移动、变化主要由人体的骨骼、关节和肌肉部分进行，称为运动系统。骨与骨相连，构成骨架，肌肉附着在骨架上，在神经系统支配下，肌肉收缩，牵动骨骼产生各种运动。这种运动是以骨为杠杆，关节为枢纽，肌肉为动力来实现的。

（一）竞技运动练习形式的分类

1．按肌肉活动特征划分

（1）动力性运动练习：进行这种活动练习时，肌肉交替舒缩，身体部位在空间有移动，如田径中的走、跑、跳、投等。

（2）静力性运动练习：进行这种活动练习时，肌肉处于持续性的紧张状态，身体部位在一定时间内维持相对固定姿势，静止不动，如体操中的燕式平衡、倒立等。

2．按动作结构特征划分

（1）周期性运动练习：按一定程序，周而复始地重复相同动作的练习，如走、跑、游泳等。这类运动由于动作结构简单，所以易学会，易巩固，但要提高需认真刻苦训练。

（2）非周期性运动练习：按一定顺序进行前后不相似的连续动作的练习，如武术、跳水、花样滑冰等。这类运动动作不易掌握，需要长时间练习，但由于动作多样化，对练习容易产生兴趣，可分节练习，掌握单个动作，学习动作要精益求精。

（3）混合性运动练习：在这类练习中，既有周期性成分又有非周期性成分，这种二者结合的练习，称为混合性练习，如篮球、足球、网球等。进行这类练习时，既要掌握周期性的动作，又要学会非周期性练习的动作，由于动作变化多，要求神经过程的灵活性较高，所以能产生更大的兴趣，但练习时间较长。

3．按肌肉工作的相对强度划分

（1）最大强度：如田径中的 100 ~ 200m 跑，平均速度为 9 ~ 10m/s，凡能以这个速度持续跑 10 ~ 30s 的练习，都属于最大强度运动。

（2）次最大强度：如田径中的 400 ~ 1 500m 跑，平均速度为 6 ~ 8m/s，凡能以这个速度持续跑 45s ~ 5min 的练习，都属于次最大强度运动。

（3）大强度：如田径中的 3 000 ~ 10 000m 跑，平均速度为 5 ~ 6m/s，一般能以这个速度持续跑 7 ~ 50min 的练习，都属于大强度运动。

（4）中等强度：如田径中的 10 000m 以上的各种超长距离跑，平均速度为 3 ~ 5m/s，一般能持续跑 1h 以上，都属于中等强度运动。

4．按发展某种身体素质划分

（1）力量性练习：以发展最大力量为目的，如举重、摔跤等。

（2）速度性练习：以发展身体的位移速度、反应速度和完成某个动作的速度为特征，如短距离跑、短距离游泳等。

（3）耐力性练习：以发展人体长时间运动为特点，如长跑、竞走等。

（4）柔韧性练习：以发展关节活动的幅度、范围以及肌肉与韧带的伸展能力为特点，如武术中的劈叉、压腿等。

（5）灵敏性练习：以发展随机应变，迅速改变体位，灵敏变换动作能力为主，如球类、击剑、拳击等。

（二）竞技运动内容及练习特点、规律

1．竞技运动的内容

狭义竞技运动主要由运动训练和运动竞赛组成，运动训练是为了提高运动技术水平，运动竞赛是为了创造更好的运动成绩。

竞技运动的内容从运动训练角度划分为以下内容，如表 3-1 所示。

表 3-1　按运动训练项群分类

一般项群的类型特征	项目群	练习项目
单结构，相对标准的练习形式	1．优势性的速度力量性项目	A．跳跃（田径等） B．投掷（田径等） C．举重物（举重全能的单个练习，壶铃等） D．短冲（田径、冰上项目等）

续表

一般项群的类型特征	项目群	练习项目
单结构，相对标准的练习形式	2．周期性的耐力运动项目	A．次最大强度的移动（中跑，100～200m 游泳等） B．大强度和中等强度的移动（3～10km 跑，800m 游泳等）
多结构，变异性练习	3．球类	A．特征为高强度和有可能阶段性退出比赛过程的球类（篮球、冰球等） B．特征为相对不间断性以及长时间比赛的球类（足球等）
	4．竞技个人对抗项目	A．击剑 B．摔跤 C．拳击
比赛练习的综合（组合成运动专项的独立对象）	5.1. 带稳定内容的多项全能	A．同类多项全能（冰上四项全能、雪上三项全能等） B．异类两项全能和多项全能（田径十项、现代五项、冬季两项）
	5.2. 定期更新内容的多项全能	竞技"艺术"（艺术体操和竞技体操、技巧、花样滑冰、跳水等）

竞技运动的内容按运动竞赛，也就是按运动成绩的评定方法分类，主要有以下内容，如表 3–2 所示。

表 3–2　按运动成绩的评定方法分类

分类	运动项目
测量类	田径、游泳、速度滑冰、滑雪、自行车、划船、举重、射击、射箭
评分类	竞技体操、艺术体操、技巧、跳水、花样滑冰、花样游泳、马术、武术
命中类	篮球、手球、足球、水球、曲棍球、冰球、击剑
制胜类	摔跤、柔道、拳击
得分类	乒乓球、羽毛球、网球、排球

2．竞技运动练习的特点及对人体机能影响的规律

竞技运动内容虽然多样，种类较多，各项目动作结构不同，活动性质、强度也有差异，但各项群、项目有其同有的特点、规律，只要我们淡化竞技夺标的目标，抓住其特点、规律，并用合理的体育方法手段加以利用，使竞技运动体育手段化，那么竞技运动对增强体质、增进健康是十分有益和必要的。

3．田径竞赛运动的特点及对人体机能影响的规律

（1）短距离跑（60m、100m、200m、400m）。短跑属于动力性运动，周期性练习，最大强度的运动，主要发展速度素质，其特点是速度最快、强度最大、运动持续时间最短。全程跑的成绩取决于反应速度、加速跑和保持最高速度的能力以及技术的质量。对人体机能影响的规律是神经过程灵活性高，兴奋过程占优势；每分需氧量最大，属无氧代谢供能，其中 100m 跑需耗能约 35 千卡，200m 跑需耗能约 70 千卡，400m 跑增至 100 千卡；恢复时间范围是 15 ~ 50min，一般为 30min，血压恢复到安静状态需 15 ~ 20min，脉搏恢复时间为 40 ~ 50min。

（2）中距离跑（800m、1 500m、3 000m）。中距离跑属于动力性运动，周期性练习，次最大强度的运动，主要发展速度耐力素质，其特点是距离较长、速度较慢、运动持续时间稍长。在跑程中，要掌握正确的技术并合理地分配体力，具有加速跑的能力，跑的动作要轻松协调，有良好的节奏。对人体机能影响的规律是神经过程灵活性较高，机能稳定性较高；心率、血压变化可达人体最高指标，供能既有无氧代谢供能也有有氧代谢供能，但以无氧代谢的乳酸系统供能为主；恢复时间为 1 ~ 2h，在跑的过程中可能出现“极点”和“第二次呼吸”。

（3）长距离跑（5 000m、10 000m）。长跑属于动力性运动，周期性练习，大强度的运动，主要发展耐力素质，其特点是距离相对较长、速度较慢，要求身体重心平稳，直线性强，动作要轻松协调，有良好的节奏，要尽力提高肌肉用力和放松的能力，节省体力。对人体机能影响的规律是机能稳定性高，协调性好，控制运动单位轮流活动；血压收缩压较高，舒张压明显下降；需氧量大，属于有氧代谢供能，5 000m 跑耗能约为 450 千卡，10 000m 跑耗能约为 750 千卡，长跑会出现“极点”和“第二次呼吸”。

4．球类运动的特点及对人体机能影响的规律

球类运动能培养人的机智、灵敏、速度、力量、耐力和在复杂多变的情况下辨清势态，做出抉择的能力。球类运动属于混合性练习，其中既含有四种强度的周期性活动，又含有变幻莫测的非周期性活动。

球类运动的项目众多，规则、场地设备、控制球的技术方法等各不相同。因此，各种球类运动对人体的影响不尽相同。

球类运动是队与队、人与人之间相互对抗的竞赛性运动。在整个运动过程中，运动员常伴有较强的情绪反应，在一定程度上影响着技术水平的发挥。

球类运动特点：须掌握该球类项目的基本技术和多种专门技能；在复杂的攻防转换中要随机应变；要有得心应手地运用动作技能和战术意识的

能力；要有在比赛中“随机”组合某些“创造性”动作的能力。

球类运动对人体机能影响的规律：注意力高度集中，能加强中枢神经系统调节运动性机能的能力，大脑皮质神经过程的强度、均衡性和灵活性显著提高；对提升感觉机能、视野的大小、眼球运动的高度协调、本体感受器的机能、味觉机能具有良好作用；对心肺功能具有促进作用等。不同球类项目，能量代谢方式各异，能量消耗不同，其中以足球、篮球运动的消耗较大。

5. 游泳运动的特点及对人体机能影响的规律

游泳是在水的特殊环境中进行的一项体育运动。游泳能增强体质，是水浴、空气浴、日光浴的结合，能有效地促进健康，预防疾病。

游泳运动的特点：游泳属于周期性练习、动力性运动，能发展肌肉力量和关节的灵活性，提高速度和耐力等素质；游泳时，人体在水里呈水平位置，便于血液循环；游泳时，人体漂浮，没有支撑感觉，除部分躯干肌保持紧张外，很少有精力紧张动作；游泳时，水对人体有一定的压力，给予胸廓较大压力，对锻炼呼吸系统机能有很大作用。

游泳运动练习对人体机能影响的规律：游泳时水阻力大，水温低导热性强，所以能量消耗大，易疲劳；游泳时视觉和听觉受到限制，主要靠本体和皮肤感觉来分析和判断自己的动作，维持身体平衡，对前庭感受器的机能稳定性及中枢神经系统的机能提高有促进作用；游泳运动以有氧代谢为主，距离越短，无氧代谢供能的比重越大，距离越长，有氧代谢供能的比重越大；游泳可以提高对低温的适应能力及对人的体温调节能力；游泳在水中进行，汗腺分泌机能减弱，代谢产物从肾脏排出，加大了肾脏机能的负担。

6. 武术运动的特点及对人体机能影响的规律

武术是我国民族文化遗产的一部分，也是传统体育项目，历史悠久。武术内容丰富，套路繁多，动作结构各式各样，运动量也不相同。武术运动能增强体质、祛病延年、陶冶性格和培养意志品质。

武术运动的特点：不仅有搏斗运动，也有套路运动；具有攻防技击性；具有内外合一，形神兼备的练习方法；具有广泛的适应性和群众性。

武术运动练习对人体机能影响的规律：武术动作复杂、多样，能改善各中枢之间的协调性；武术具有搏斗攻防技击性，内外合一，可提高神经系统的强度、均衡性和灵活性；武术中身要灵活、步要稳固、力要顺达，对肌肉力量和柔韧性有很大提高；武术有起伏、翻腾、旋转等动作，能提高前庭器官机能稳定性；武术能使心脏血管系统机能得到改善，安静时出现心动徐缓和血压降低的现象，提高心血管调节机能；武术强调“心与意合，意与气合，气与力合”，气要下沉，以气催力，所以武术对呼吸机能有特殊的影响；武术需氧量大，运动时以无氧代谢为主，能提高无氧代谢能力。

7. 体操运动的特点及对人体机能影响的规律

体操运动的特点：体操的内容丰富，形式多样，易于普及；体操能全面和有重点地锻炼人体；体操技术复杂多样，前后连贯并有机地组成成套练习，动作优美准确、柔韧有力，节奏协调。体操中的大量练习属于非周期性运动，在练习中既有动力性运动，也有静力性运动。体操运动能培养灵敏、勇敢、果断、准确、平衡、柔韧及力量等运动素质。

体操运动练习对人体机能影响的规律：体操动作多样化，有旋转、反正、倒立、悬垂、回环、平衡、跳跃等，身体在空间位置随时发生变化，要求神经系统机能发生相应变化，能建立起良好的协调能力；体操运动能提高肌肉力量和精力耐力，能使肌肉对中枢传来的不断变化的冲动迅速产生动作，从一种动作敏捷地转变为另一种动作，肌肉放松与收缩的相互转换均较分明，并与动作节奏相适应，各运动中枢对肌群的控制能力得到提高，肌群间的协调关系得到改善；在体操练习中，多数成套的体操练习时间短，但强度大，人体主要靠无氧代谢供能。

第二节　有氧运动与人体健康

一、物质代谢与能量代谢

新陈代谢是生命活动的基本特征。新陈代谢是合成代谢和分解代谢两个相互联系的过程。人体摄取营养物质转化为自身物质，同时吸收了能量的过程称合成代谢。人体把自身的物质进行分解，同时释放能量的过程称分解代谢。分解代谢所释放的能量转化为热能、机械能、电能等以维持人体正常的生命活动和生理机能所需要的一切能量。人体新陈代谢中伴随着物质代谢和能量代谢两个紧密联系的过程，人体活动的直接能量来源于三磷酸腺苷（ATP）的分解。ATP 是人体活动的直接能源，而最终的能量来源于糖、蛋白质和脂肪的氧化分解，氧化分解所释放的能量供给 ATP 的重新合成。人体运动时，能量消耗明显增加，增加的情况决定于运动的强度和持续运动的时间。在各种运动中所需要的 ATP 分别由三种不同的能源系统供给：①高能磷酸化物系统（ATP-CP）：ATP 释放的能量可供细胞做功。②乳酸系统（无氧糖酵解系统）：是糖在无氧条件下进行酵解的过程，所释放的能量可供合成少量的 ATP，糖酵解的产物是乳酸，因而称乳酸系统。③有氧系统（有氧代谢系统）：在供氧充分的条件下，糖完全分解成二氧化碳和水，产生的能量可合成大量 ATP。

二、有氧运动的分类

依据运动时占主导地位的能量代谢方式来判定，绝大部分运动项目只要运动时负荷强度较小，运动时主要依靠有氧氧化供能就可以认为是有氧运动。因此，根据运动项目的特点将有氧运动分为以下几类。

（一）走、跑类

如在径赛类基础上发展的健身走、健身跑、定向运动等。健身走和健身跑是最简便易行、最易被大众接受、普及率最广的有氧运动。

（二）游泳

游泳是减肥和提高心肺功能最为有效的有氧运动。

（三）球类

经典六球，包括三大球：篮球、足球和排球；三小球：乒乓球、羽毛球和网球。其他球类有：曲棍球、冰壶球、沙壶球、垒球、地掷球、门球、手球等。

（四）民族传统类

如太极拳、跆拳道、柔道、摔跤、拔河、蹴鞠、马球、五禽戏、八段锦、气功等。太极拳、五禽戏和八段锦是深受广大老年人喜爱的有氧运动，特别是太极拳，其运动特点符合老年人的身体特点，对老年人的健康有着非常好的作用。

（五）舞蹈、健身操类

如体育舞蹈、有氧健身操等，深受广大女性的青睐。

三、运动中的氧供应

（一）需氧量

人体维持某种生理活动需要足够的能量，体内氧化某些能源物质所必不可少的氧气量，称为需氧量。成人安静时的需氧量每分钟为200～300mL。运动时随着运动强度的增大，需氧量相应增加。肌肉活动期与恢复期所需要的氧量称为总需氧量；每分钟所需要的氧量称为每分需氧量。由于呼吸和循环系统在运动开始初期有较大的惰性，不能和肌肉的收缩活动同时进入工作，以致氧的实际供应量暂时落后于需氧量，不足的部分，在运动后的恢复期偿还。运动时总需氧量＝运动时摄氧量＋恢复时摄氧量－安静时每分钟摄氧量×（运动时间＋恢复时间）。

（二）摄氧量（耗氧量或吸氧量）

在肺换气过程中，由肺泡腔扩散入肺毛细血管，并供给人体实际消耗或利用的氧量，称为摄氧量。通常以每分钟为单位来计量，安静时，每分摄氧量与每分需氧量是平衡的。

摄氧量=心输出量×（动脉血氧量－静脉血氧量）－心率×每搏输出量

人体需氧量取决于生理机能状态，运动强度增大时，需氧量相应改变。人安静时每分需氧量为200～300mL，剧烈运动时每分需氧量可增加200倍以上，人的摄氧能力有一定局限性，但需氧量却随运动强度的加大而上升。当人体进行长时间的剧烈运动时，每分摄氧量达到最高水平，称为最大摄氧量。

（三）最大摄氧量利用率和无氧阈

最大摄氧量利用率指运动时从体内开始堆积乳酸为准绳，实际耗氧量占最大摄氧量的百分比率（表示为%VO_2max）。

无氧阈指在递增运动强度时，由有氧代谢供能开始大量动用无氧供能的临界运动强度，常以乳酸浓度为4mg分子/L时所对应的强度（%VO_2max）表示。

最大摄氧量利用率和无氧阈是反映人体耐力性工作能力的重要指标。例如：某甲运动时的摄氧量为 1.5L/min，最大摄氧量为 3L/min，其最大摄氧量利用率为 1.5/3×100%＝50%；某乙从事同样运动时摄氧量也是 1.5L/min，但其最大摄氧量为4L/min，那么乙的最大摄氧量利用率为1.5/4×100%＝37.5%，甲、乙两人的负荷相同，摄氧量一样，却反映了乙比甲的运动潜力要大。

（四）氧债

在进行剧烈运动的过程中，需氧量超过最大摄氧量，能量供应取决于物质的无氧分解，造成体内的氧亏负，称为氧债。氧债就是从运动终止时起，恢复到安静时的正常呼吸水平为止，这一段时间用以偿还氧亏欠所需要的氧量。

四、有氧氧化供能与无氧氧化供能

（一）有氧氧化供能

有氧氧化供能指糖（脂肪、蛋白质）在氧的参与下分解为二氧化碳和水，同时释放大量能量以合成 ATP 作为人体活动的直接能源的过程。供氧充足是实现有氧氧化的先决条件。人体的摄氧能力越强，说明有氧氧化水平越高。所以，人体最大摄氧量的大小是人体内有氧氧化能力的标志，而有氧氧化能力又是耐力素质的基础。

（二）无氧氧化供能

无氧氧化供能包括无氧或氧供应不足的情况下由 ATP 和磷酸肌酸分解供能（称非乳酸能）以及糖原无氧分解供能（称乳酸能）两种形式。有氧氧化供能和无氧氧化供能是人体在不同水平上，根据需氧的不同而进行的紧密相连、不可分割的两种供能方式。人体的有氧供能能力是无氧供能能力的基础，人体日常工作和各种运动能力的提高都是与有氧供能能力分不开的。

五、有氧运动与健康

（一）有氧运动

有氧运动指能增强体内氧气的摄入、运送及利用的耐久性运动。在整个运动过程中，人体摄入的氧气和人体所需要的氧气量基本相等。也就是说，摄入的氧气量基本满足体内氧气的消耗量，没有缺氧的情况发生。

（二）体育运动对人体有氧运动能力的良好影响

体育锻炼和运动训练可以对人体的有氧运动能力产生良好的影响，经常参加体育活动的人的有氧运动能力明显高于一般人。运动可明显改善机体的有氧代谢能力，从而使有氧运动能力得到提高。运动提高人体有氧代谢能力主要表现在以下几方面。

1．运动对肺呼吸功能的影响

人体肺的呼吸功能主要表现为肺活量和肺通气量，体育运动可以使这两项指标均得到提高。运动不仅可以改善肺血液循环，为提高呼吸机能创造条件，而且可以通过提高呼吸肌力量和肺通气效率，直接提高肺活量和肺通气量。有研究表明，通过游泳、慢跑等运动可明显改善呼吸机能，其中肺活量、肺通气量都可增加 20%以上，在完成同样工作负荷的前提下，经常参加体育锻炼的人一般都表现为深呼吸、慢频率的特点，为提高运动中的通气量创造了条件。

2．运动对血液运输氧能力的影响

由于氧气主要通过与血液中血红蛋白的结合而运输，因此血红蛋白含量的增加将会提高氧气的运输能力。经常从事体育锻炼和训练的人的红细胞和血红蛋白含量都较一般人稍高，基本保持在正常范围的上限水平，说明适当的体育锻炼在一定的范围内可以提高机体血红蛋白的含量，从而提高与氧气的结合与运输，在一定程度上提高有氧代谢能力。

3．运动对心脏功能的影响

运动对心血管功能产生良好影响，体育锻炼提高心脏功能主要表现在以下几点。

（1）心脏收缩机能提高。由于在运动过程中，心脏承受的负荷较大，心脏承受超负荷刺激，可使心肌细胞内蛋白质合成增加，心肌纤维增粗，心脏收缩力量增大。

（2）心室容积增大。运动过程中由于组织内需氧量增多，而使心脏的每搏输出量增加，心脏收缩末期的存血量减少，心脏每次收缩几乎将心室内的血液排空，使心脏舒张末期充盈量增加，心肌纤维被拉长，长期训练

使心室容积增加，心脏增大。

（3）心脏调节机能改善。体育运动在增加心脏机械性收缩机能的同时，也可使心脏的调节机能改善，以保证心脏在运动时的节律性收缩活动，具体表现为安静时心率减慢，出现所谓窦性心律过缓现象。即使在完成同样强度的运动时，有氧运动能力强的人的心率增加也低于一般人，通过每搏输出量的增加来有效增加心输出量，保证氧气在体内的运输。

4．运动对肌肉组织的有氧代谢能力的影响

骨骼肌组织的有氧代谢能力越强，其有氧代谢运动能力也就越强。骨骼肌的有氧代谢能力与代谢酶活性有关，而代谢酶活性又决定于肌纤维类型，慢肌纤维的有氧代谢酶活性较高，而有氧运动可使慢肌纤维增粗，相对面积加大，使肌肉中各种氧化酶活性增加。

5．运动对体内能源物质的影响

肌糖原是体内最重要的有氧代谢物质，在运动过程中具有重要作用。运动可以明显提高体内肌糖原的含量。经常进行体育活动的人的糖原合成酶能保持较高的活化敏感性，在运动后可出现体内肌糖原的超量恢复，长期训练使体内的肌糖原含量增加。

6．运动对无氧阈值的影响

体育锻炼和运动训练对机体无氧阈值有较大影响。无氧阈值反映机体对氧利用能力的大小，即使最大摄氧量绝对值不增加，长期有氧运动也可使最大摄氧量利用率更接近于最大摄氧量，即无氧阈值得到提高。一般人的无氧阈值相当于最大摄氧量的 50%，经常参加体育活动者的无氧阈值相当于最大摄氧量的 60%～70%，而优秀的耐力运动员可达到最大摄氧量的 80%～90%。由此可见，有氧运动对人体无氧阈值的影响。

（三）有氧运动促进健康的作用与机理

有氧运动不仅可以提高机体的运动水平，更重要的是可以提高人体的健康水平及抗疾病的能力，从而达到健身强体、延年益寿的目的。有氧运动对身体机能的良好影响主要表现为以下几方面。

1．提高心血管功能

（1）窦性心动徐缓。有氧运动改善了心脏功能，使安静时心率减慢，是肌体对体育运动良好的适应性变化。在心率下降的同时，心脏每搏输出量增加，心脏的调节机能改善。

（2）运动性心脏肥大。有氧运动引起以心室增大为主的运动性心脏肥大，特别是左心室容积增大。一般人的心脏容积约 750mL，而有氧运动员的心脏容积为 1 000mL 以上，心室容积增大可使心脏舒张期的静脉血回流增多，以保证安静和运动中的每搏输出量的有效增加。

（3）对血管机能的影响。以有氧运动为主的体育锻炼可以提高动脉血管壁的弹性，使血管壁的缓冲能力增加，脉压增大，这种变化对运动过程中增加心脏每搏输出量十分有益。

2．对血液成分的影响

适当的体育运动可提高人体血液中血红蛋白的含量，保持血红蛋白在正常范围内的上限水平，减少贫血的发生或降低贫血症状。另外，以有氧运动为主的体育锻炼还可改变血液中血浆脂蛋白的组成，提高高密度脂蛋白的含量，而高密度脂蛋白具有抗冠心病因子，因此有氧运动可降低心血管疾病发病率。

3．提高免疫功能，预防疾病发生

肌体的免疫功能主要是通过免疫细胞——白细胞实现的，而适宜的有氧运动可增加体内的白细胞和免疫球蛋白数量，从而增强肌体抗疾病的能力，预防疾病的发生。

4．体重控制与减肥

采用强度相对较小而运动时间相对较长的有氧运动可有效地消耗体内的糖和脂肪，达到控制体重与减肥的目的。

虽然一次性运动可暂时性地引起体重明显下降，但这种体重的下降主要是体液的流失，而不完全是由于脂肪的大量消耗所致，所以一次性运动的减肥效果是不明显的，而只有经常进行体育活动，才能保证体内脂肪不断消耗，使体重不断下降。

5．抗衰老作用

人体衰老的特征之一是随着年龄的增长，细胞体积特别是骨骼肌的体积减小，其基础代谢率下降，同时伴随着肌肉力量、心血管机能下降等一系列症状。经常从事有氧运动可以延缓机体衰老，对各器官系统产生良好影响。

有氧运动还可以抑制体内的脂质过氧化反应。体内自由基引起的脂质过氧化反应与肌体的衰老过程密切相关。研究表明，与年龄有关的衰老变化是由于机能代谢过程中产生的自由基，造成细胞特别是细胞膜结构和遗传物质损伤的不断积累所致。有氧运动可提高红细胞中相应酶的活性，加强肌体对自由基的清除能力，阻止体内自由基水平的升高，减少自由基对组织细胞的损害，进而起到延缓衰老的作用。有氧运动还可使神经系统功能、呼吸功能、身体平衡能力得到提高，对延缓肌体衰老过程起积极作用。

第三节　康复运动与人体健康

一、康复运动的内涵

康复运动也称医疗体育，是根据疾病特点采取体育手段或肌体功能练习方法，以达到疾病预防、治疗、康复的一门应用性学科。

（一）康复运动的特点

康复运动是主动运动，要求参加者通过锻炼治疗自己的疾病，调动病人的积极性，促进肌体康复；康复运动是全身运动，它除对局部器官起到锻炼作用外，通过神经、神经反射机制可改善全身机能，增强体质，提高抵抗力；康复运动是自然运动，它是利用人类固有的自然运动作为治疗手段，不受时间、地点、设备等条件的限制，正确进行活动时，也不会产生副作用。

（二）康复运动促进健康的生理机制

1．提高中枢神经系统的调节机能

康复运动通过适当的运动，加强本体感受刺激，通过传入神经来提高中枢神经系统的兴奋性，改善大脑皮质和神经体液调节功能。由于神经系统调节功能得到改善，肌体对外界环境的适应能力和对致病因素的抵抗力增强，从而提高了防病能力。

2．改善血液循环和物质代谢

疾病使血液循环和新陈代谢功能变得很差，不利于疾病痊愈和身体康复。康复运动能通过神经反射和神经体液调节来改善全身血液循环和呼吸功能，改善新陈代谢和组织器官的营养过程，使整个功能活动水平提高，从而有利于病愈和康复。

3．维持和恢复肌体的正常功能

康复运动有促进肌体功能正常化的作用，表现在病人肌体或某一系统功能受到障碍时，通过专门的功能练习，能使其恢复正常。如骨折固定后引起关节功能障碍的病人，进行康复运动，可使局部血管扩张，血流加快，提高酶的活性，使肌纤维增粗，关节滑液分泌增加，改善软骨营养，并可牵伸粘连组织，从而使肢体功能恢复。

4．发展身体代偿功能，增强肌体免疫防卫系统

由于损伤或疾病可使身体某些器官功能发生严重损害，甚至完全丧失，但依靠代偿作用，肌体能使这些受损器官的功能尽量恢复。康复运动对发展身体的这种代偿功能，有很大的作用。如肺叶切除手术后的病人，经过长期的呼吸体操锻炼，能使呼吸肌和剩余的肺叶充分发挥作用来补偿切除肺叶的呼吸功能。

二、康复运动的内容

（一）我国传统的康复运动内容

1．按摩

按摩也称推拿，是运用各种不同的手法作用于肌体，以提高身体机能、消除疲劳和治疗疾病的一种手段。运用按摩手法，可以通过神经体液的调节机制，增强人体的免疫功能和抗病能力，有助于消除疲劳，减轻运动后肌肉酸痛。

按摩手法有：

（1）滚：用手背及掌指关节背侧的突起处在被按摩部位滚动的手法，称为滚。

作用：有活血散瘀、消肿止痛的作用。

应用：常用于腰背、大腿等肌肉丰厚的部位。

（2）弹筋（提弹）：用手指将被按摩部位的肌肉或肌腱迅速提起，迅速放开的手法，称为弹筋或提弹。

作用：有刺激神经，促进血流通畅和缓解肌肉紧张的作用。

应用：常用于治疗慢性肌肉损伤，肌肉酸胀和肌肉痉挛。可用于大腿内收肌、股二头肌、肱三头肌、斜方肌、背阔肌等肌肉。

（3）分筋（拨筋）：用手指指端垂直于肌纤维或韧带走行的方向拨动的手法，称为分筋或拨筋。

作用：有分离粘连，缓解肌肉痉挛，促进局部血液循环的作用。

应用：适用于治疗肌肉、肌腱和韧带的慢性损伤。

（4）理筋（顺筋）：用手指沿着韧带、肌纤维或神经的方向将其捋顺的手法，称为理筋或顺筋。

作用：调和气血、理筋归位。

应用：四肢软组织扭错筋结时，腱鞘炎及肌肉和韧带拉伤均可用理筋法治疗。

（5）刮：用指端或指甲在病变部位作单向刮动的手法，称为刮。

作用：松解粘连，消除硬结，改善病变部位的营养代谢和促进其修复。

应用：常用于治疗狭窄性腱鞘炎。

（6）切：用指端从肿胀部位的远心端向近心端切压皮肤的手法，称为切。

作用：有较快的消肿作用。

应用：用于肿胀的部位，但急性软组织闭合性损伤在损伤后 24 小时或 48 小时之内，损伤局部禁用切法，以免加重损伤。

（7）扳：用双手向同一方向或相反方向用力，使关节伸展或旋转的方法，称为扳。

作用：治疗脊椎小关节错位等。

应用：常用于腰部扭伤及脊椎小关节紊乱症等。

（8）背法：按摩者将被按摩者背对背地背起的方法，称为背法。

作用：牵伸腰背筋膜，放松腰肌，消除运动后腰背肌肉酸痛，恢复腰椎生理弯曲，纠正腰椎小关节错位。

应用：可用于急性腰扭伤和腰椎间盘突出症的治疗。

2．太极拳

太极拳是我国流传较广的传统健身手段，在治疗康复上有以下特点。

（1）动作柔和、稳定、圆活、缓慢进行，适用于体弱和慢性病患者练习。

（2）动作复杂、前后连贯，有助于训练协调性和平衡性。

（3）太极拳的动作涉及全身主要关节和肌肉，长期练习可增强关节灵活性，增强韧带的机能。

（4）练太极拳时，用意不用力，所有动作都以意识和想象做引导。练习时全神贯注，使大脑皮层兴奋和抑制过程能够很好集中。

（5）练太极拳时，呼吸要调整得深沉稳定，匀细柔长，呼吸和动作配合一致，用腹式呼吸能活跃腹腔血液循环，促进胃肠蠕动，改善消化功能。

（6）太极拳运动量可大可小，无论老幼，无论身体是否强壮皆可练习，对某些疾病的患者，还可以根据病情特点和治疗要求，选用其中某些动作或突出某些要领。

太极拳对治疗高血压病、动脉硬化、溃疡病、神经衰弱、慢性腰腿痛、肺结核等病症都有较好疗效。

3. 八段锦

八段锦是我国民间流传的一套健身防病导引法，因动作少，易学易练，容易推广，故流传至今。八段锦由八个动作组成，即“两手托天理三焦，左右开弓似射雕，调理脾胃单手举，五劳七伤向后瞧，摇头摆臀去心火，两手攀足固肾腰，攒拳怒目增气力，背后七颠诸病消”。

4. 五禽戏

五禽戏是东汉名医华佗参照包括虎、鹿、熊、猿、鸟五种禽兽的动作编成的一套导引术。五禽戏运动量较太极拳大，常用于外伤关节功能障碍、慢性关节疾病、慢性腰痛等，也可用于神经衰弱、高血压等。练习时可针对某种疾病选用其中的某些动作，如发展腰、髋关节活动可练习虎戏；发展灵敏可练猿戏；发展平衡能力选用鸟戏；训练步行能力练习鹿戏；增强肌力则练熊戏。

（二）走、慢跑、骑车、上下台阶

走、慢跑、骑车以及上下台阶的性质属于有氧运动范畴。走和跑通过调节其速度、坡度、距离、时间等，骑车通过调节阻力大小及蹬车时间，上下台阶以调节台阶高度、上下台阶频率及持续时间等来控制运动强度及运动量。

锻炼时应使摄氧量达到一定水平（一般以最大摄氧量的 40%和 70%为安全有效强度的上下限），从而对心肺功能和新陈代谢起着有效的锻炼作用。它对增进全身健康、防止过早衰老、防治高血压、冠心病、糖尿病等慢性疾病以及“运动不足症”都有良好作用。

（三）游泳和划船

游泳和划船的特点为体力负担大，并有日光、空气、水等自然因素与肌肉活动同时发挥作用。从动作结构来看，游泳和划船主要是上肢和肩胛带的活动。游泳时下肢也参加活动，因此能增强四肢肌肉力量并改善关节的运动功能。此外，这两项运动对呼吸系统也有良好的影响，在神经衰弱、脂肪代谢障碍和慢性支气管炎恢复期的病人中开展十分广泛。

（四）球类运动

常见的球类运动有羽毛球、乒乓球、高尔夫球、保龄球、门球、地掷球以及篮球、排球中的某些动作（如投篮、传接球等）。球类运动是一种全身肌群几乎都参与活动的综合性运动项目，能活跃情绪，对神经系统、心血管系统和呼吸系统提出了较高的要求，适合体力达到一定水平的人。

三、康复运动适合防治的疾病及禁忌证

（一）适应证

（1）呼吸系统、心血管系统、消化系统及生殖系统的某些慢性疾病可通过康复运动进行恢复。

（2）神经系统方面的疾病，其中尤以神经衰弱、失眠、健忘、多梦等症状效果较好，通过康复运动可以产生调节作用，使其症状逐渐消失。

（3）由于心脑血管外伤造成的偏瘫或肢体瘫痪，通过适量并持之以恒地康复运动，可以逐渐恢复功能。

（4）关节运动障碍，大部分是由于关节炎、外伤或炎症引起的，康复运动可加强全身经络气血的流通，从而使症状减轻或消失。

（二）禁忌证

（1）体温增高的急性疾病。

（2）各种内脏疾病（心脏、肺脏、肾脏、肝脏和胃肠疾病等）的急性阶段。

（3）有出血倾向的疾病，如肺结核屡次咯血者，消化道出血等。

（4）恶性肿瘤转移阶段。

第四节 休闲运动与人体健康

一、休闲运动的内涵

（一）休闲运动的概念和性质

休闲运动是人们在学习、工作之余进行的一种娱乐性很强的身体活动。它既是一种对心理的放松、娱乐，也是一种对身体的良好锻炼。人们通过各种休闲运动活动，在欢快和谐的氛围中实现增强体质、促进健康、恢复体力、抵御疾病、调节心理、陶冶情操、激发生活情趣、培养高尚道德品质、改善人际关系、满足精神追求以及享受高质量人生乐趣等目的。

休闲是和工作相对立的概念，它是人们在余暇时间自愿参加的活动，最初的动机是由满足感和快乐感而产生的，是一种由提高生活目标水平的动机产生的需要而驱使的行为。休闲运动为补偿当代生活方式中人们的许多要求创造了条件，更为重要的是它通过身体放松、竞技、欣赏、活动和回归大自然，为丰富生活提供了可能性。

休闲已不仅仅被理解为个人生理、心理的本能发泄和需求，而成为一种有社会目的的有计划的活动，它已经突破了“享受”这个领域，而进入人类“发展”的领域，成为社会不可缺少的精神文明活动。人类的休闲就个体而言，可能是随意的、自由的、为满足某种需求而进行的，但就整个社会而言，所有个体的活动都是有一定范围的，受到经济基础的制约，也受到社会制度的制约，从这个意义上讲，休闲运动是一种社会活动，而不是一种纯生物活动。

（二）我国休闲运动发展的动因分析

现代休闲运动事业，在改革开放的推动下迅速发展，随着我国经济的不断繁荣，休闲运动事业迎来了新的发展机遇。在知识经济时代，人们的收入和闲暇时间都会有所提升，休闲运动活动必将获得很好的发展。

1. 经济发展持续带动

现代休闲运动事业的发展依托于经济水平的总体发展。从世界范围来看，休闲运动最先开始是在西方国家，这是因为西方国家工业化进程比较早，经济比较发达。西方国家的经验告诉我们，休闲运动事业是以经济发展为前提的，只有经济发展到一定的程度，休闲运动事业才能规模化发展。改革开放之后，我国经济持续增长，创造了世界经济发展史上的一个新纪录，人们生活水平的提高刺激了休闲娱乐活动的发展。

2．消费需求不断刺激

严格来说，凡是一种高雅的文化消费活动，它都能够消除人们心理疲劳，舒缓身体，放松心情，让人处于一种舒服的状态中。体育休闲是一种高消费的休闲活动，需要有一定的经济基础，还需要具有一定的文化基础，能够从体育休闲活动中体会到更多的乐趣和满足感。

近年来，人们生活水平不断提高，物质生活不断丰富，人们对自己的内心需求越来越在意。科技文化作为一种高端文化，正在受到人们热捧，特别是在科技兴国战略引领下，我国人民的文化水平不断提高。物质生活的丰富，知识水平的提升，改变了人们以往的生活习惯和消费习惯，在基本的生存需求满足之后，必将投入更大的精力来进行适应时代发展要求的消费活动。

3．消费市场逐步发酵

有关统计显示，我国拥有 4 亿与体育相关的人口，这个数量超过美国的总人口数。庞大的体育人口群体，拥有巨大的市场潜力。

虽然我国人民的消费水平较西方发达国家来说还有差距，但总体来说具备了一定的消费能力。总体收入水平上升使人们有多余的钱用来满足自我的精神需求，在庞大人口群体的支持下，消费需求缺口十分巨大。现代休闲运动消费项目不断丰富，同一个的消费项目使用设备的档次不同，能够服务和满足的消费群体也不同，在现代休闲运动服务中，要以消费者的需求为基础，科学制定服务内容，最大限度地满足休闲运动活动。

4．技术手段日渐丰富

现代休闲运动项目，不仅需要符合标准的设备，还需要一定的技术。相比于发达国家，我国的科学技术水平虽然还有差距，但就我国目前的经济水平来说，满足我国体育休闲人群的需求并没有问题。随着各种体育研究结构的发展，我国体育科学必将进一步发展，休闲运动设备制造和设施建设将获得更好的发展。

5. 节假日增多

西方国家的体育休闲事业的发展，离不开假期制度的保障。西方国家经济发展水平较高，人们拥有足够的时间用于休闲活动，因此西方国家的体育休闲事业发展得较好。1995 年 5 月，我国实行 5 天工作制度，每周六、周日休息。这也同时刺激了消费市场，推动旅游和休闲产业的发展。随着旅游需求的日益旺盛，又推出黄金周假期，进一步激发了我国休闲、体育市场的活力。传统来说，我国人民的消费方式相对单一，如逛商场、游公园等，随着人们认识的逐步提升，健身、娱乐等新型休闲娱乐项目成为人们的新宠，我国体育休闲事业得到了快速的发展。

6. 休闲运动事业不断发展

现代休闲运动在我国的发展，虽然时间较短，但在不长的时间里积累了一些符合我国国情的经验，为我国休闲运动事业的发展提供了保障。具体可以从以下几个方面理解。

（1）在休闲运动事业发展的过程中，培养了一批专业人才，他们致力于我国休闲运动事业的发展，成为我国体育休闲事业发展的中流砥柱。

（2）休闲运动设施具有一定规模。目前，我国的大酒店、宾馆都设置专门的休闲运动中心，各大城市的健身场馆、体育休闲服务设施不断增多，这些现象的出现都说明我国体育休闲事业得到了很好的发展。就目前来看，体育休闲基础设施不断完善，我国休闲运动事业正在积蓄实力，迎接更大的发展。

（3）我国有专门体育研究机构，一方面从事体育设备、器材的研发与普及，另一方面负责开发符合我国国情的休闲运动项目。北京、上海、广州等大城市，体育休闲娱乐设施建设领先全国，特别是各种公共休闲服务设施能够满足相当一部分人的休闲娱乐需求。

（4）休闲运动行业的管理政策随着经济的发展不断完善，管理的水平逐渐向国际水平看齐，这为体育休闲事业的稳步发展提供了可靠的保障。

（5）部分休闲运动企业已经获得了成功，不仅树立了良好的企业形象，也为从事体育休闲产业的从业人员提供了很好的借鉴。

（三）休闲运动的分类及活动内容

1. 观赏性活动（间接参与）

观赏性活动主要是以观赏为主要目的而进行的体育活动，表演性较强。

在观看比赛或者表演的过程中，人们会对观赏的活动给予不同程度的评价，并通过某种情绪表现出来，比如人们对某些比赛表现出喜悦的情绪。此外，在观赏比赛或者表演的过程中，还可以从中学到一些知识，从中体会到运动的乐趣与魅力，娱悦自己的身心。

2. 相对安静状态的活动

相对安静状态的活动主要是从活动的过程角度来描述体育休闲活动的。这类状态的体育休闲活动，大部分都是以脑力对决定胜负的，比如棋类运动、牌类运动等休闲运动项目。脑力比拼主要考验个人思维能力的强弱，经验、心理素质等要素也会对脑力比拼产生影响。棋牌类的活动不仅有单人项目，也有两人或者多人项目，在双人或者多人棋牌类游戏中，参与者要充分发挥自己的大脑，活跃思维，增强团队的默契程度。

3. 互动性活动

（1）利用自然运动。这类活动是利用自然资源开展的休闲活动，一般需要专业人员的参与和指导，比如日光浴、温泉等项目，必须开发才能够为人类所用。

（2）互动式活动。这类活动是通过专业人员技术活动来减缓身心疲惫、消除烦躁心绪、减压、调节身心的一种方法。主要方法有：推拿按摩、针灸、足按足浴、理疗等。

4. 运动性活动

这是休闲运动的主体。根据各种休闲活动的特性，通常分为以下几种类型。

（1）眩晕类运动。眩晕类活动必须借助于一定的设备和场地才能实现，这不是一种个人行为，必须有休闲服务提供单位的支持才能顺利进行。娱乐场是小朋友钟爱的娱乐场所，如果没有休闲服务单位组织基础设施建设，承担相关职责，这些休闲项目是无法进行的。

（2）命中类运动。这种运动主要是使用一定的器械，对目标进行投掷或者射击。命中类运动也需要一定的场地和设备才能进行，比如射箭、高尔夫等。

（3）冒险类运动。冒险类运动是一项挑战性很强的休闲活动，从这类活动中人们能够获得强烈的刺激感和满足感。冒险类运动必须在严密的组织和保护之下进行，否则容易发生危险，危害到生命健康，比如蹦极、漂流等。

（4）户外运动。户外运动主要在户外开展，摆脱了固定场地的束缚，其形式和内容比较丰富，但某些运动需要借助一定的器械。户外运动是人类回归自然的一种方式。常见的户外运动有登山、攀岩等。

（5）技巧类运动。技巧类运动充分开发与利用人类的身体协调性，借助某些器械或者场地完成令人赞叹的活动，比如花式滑板，自行车、摩托越野等项目。

（6）水上、冰雪类运动。水上项目是依托水体开展的运动，常见的水上项目有游泳、潜水、划艇等。冰雪运动局限性较强，只有在特定的场地或者季节才能进行，比如滑冰、滑雪等项目。

（7）球类竞技运动。球类竞技运动主要是指常见的球类运动，可以分为大球项目和小球项目。大球项目包括足球、篮球、排球等运动项目，小球项目包括乒乓球、羽毛球等常规项目。

（8）歌舞类运动。歌舞类运动是指通过形体变化完成的运动项目，常规项目有健美操、瑜伽、武术等。

休闲运动内容广泛，根据不同的分类标准，可以进行多种分类，但从严格意义上来说，每一种单独的分类方法，并不能将所有的项目都囊括进来。分类的目的主要是让我们更好地认识休闲运动，帮助我们系统地总结某些项目的规律和技巧，便于运动项目的开展和推广。

二、体育运动与休闲运动

体育运动与休闲运动互有区别又相互渗透。人类的许多体育运动项目产生于劳动、军事和生活技能，也有相当一部分是从游戏、休闲、娱乐活动中演化出来的。近代由于体力劳动减少，休闲娱乐活动内容丰富的趋势更为明显。从许多运动项目中都可以看到游戏、休闲、娱乐、舞蹈的原型。各国的民间体育和民族传统体育更具有大量的休闲娱乐因素。

游戏是竞技和娱乐的一种中介形式。人类具有渴望竞争、挑战、获胜和争取荣誉的心理需要，这就使本来较为平和的娱乐和游戏转化为最初的竞赛。竞赛的结果导致各种规则形成文字，又逐渐形成了竞赛领域内的法律规范和道德规范。竞赛一旦摆脱娱乐，就形成了一种规模浩大，且由一些人专门从事的活动。娱乐之所以能演化为体育，另一个重要的原因是受教育的影响，教育把娱乐中的游戏和其他活动正规化、系统化之后进行教教育，发展成为体育的内容。

如果以活动的方式和性质作为标准，休闲运动是体育运动中娱乐性较强的一部分内容；如果以人们支配时间作为标准，体育运动又是休闲运动的一种支配方式，而且是占据很大比重的一种方式。体育运动成为休闲运动的一种方式、手段，这是由于以下几方面原因。

（1）可以同时完成健身和娱乐的双重任务。

（2）体育项目繁多，便于选择。

（3）体育活动容纳量大，参加人数多，消耗社会总时间长。

（4）体育运动具有观赏性，具有社会教育作用。

休闲运动在矫正不良生活方式方面发挥着重要的作用，具体来说，主要表现在以下几方面。

（1）转变观念。思想是人们行为的驱动器，只有从思想上树立彻底改变不良生活的观念，才能从根本上重视健康的生活状态，并从行动上保证目标的实现。思想观念的变化是从科学的认识开始的，在矫正不良生活方式的过程中，第一步是建立在对不良生活方式危害的深刻认识的基础上。

（2）掌握方法。科学的方法是打开真理大门的钥匙，在任何事物中，只有方法正确才能事半功倍。体育运动的方式很多，选择适合自己的锻炼方式不仅能够激发参与运动的热情，还能够事半功倍地实现计划目标。如果选择的运动方式不合理，很可能难以实现目标，而且会对自己造成伤害。

（3）养成习惯。养成运动的意识和习惯。意识的培养就是要经常提醒自己起来活动活动，习惯的养成需要持之以恒，最好是有计划地每天安排一段时间做运动，要让体育运动逐渐成为日常生活的组成部分。

对不良生活方式的矫正，是一个长期的过程。在这一过程中，需要有相关的专业人士进行诊断和指导，以避免在方法手段等方面的误选误用产生副作用，从而影响身体健康。

三、休闲运动时的环境、时间、情绪对身体的影响

（一）合理选择环境

从事休闲运动时尽可能安排在噪声小、空气无污染的开阔处。新鲜的空气，充足的氧气，可以通过呼吸、心血管及中枢神经的良性调节，达到

娱悦身心的目的。

（二）合理安排时间

安排休闲运动时间时，冬夏应有所不同。冬天气温低，可以在每日下午阳光充足时进行，不致因气温过低，肌体应激加大，从而引起不适；在夏日则可在凉爽的早晨进行活动，减少日光暴晒而增加肌体代谢负担。

（三）合理控制情绪

良好的情绪对身体的影响非常大，无论从事何种休闲运动，均应以一种愉快、轻松的方式进行。良好的情绪可以促进神经系统、内分泌系统的机能，从而提高肌体机能。

四、休闲运动与健康

休闲运动种类繁多，方式不一，但无一例外都对人体的健康有良好的促进作用。

（一）对心理健康的作用

丰富多样的休闲运动能够使人精神愉快，能够消除疲劳和紧张的心情。人体疲劳往往产生于神经系统，神经系统是人体各器官系统功能活动的调控者，它的疲劳必将导致其他器官系统功能的下降。因此，消除疲劳，首先要消除神经系统的疲劳，其次是心肺系统功能的疲劳，最后是肌肉疲劳。休闲运动是我们主观乐意去做的事情，愉快的情绪变化能通过神经系统改善大脑边沿系统的机能，在增加食欲的同时，提高消化功能，促进血液循环，加强能量物质的合成代谢，利于身心恢复。

（二）对身体健康的作用

从事户外休闲运动活动时，人们往往置身于海滨、瀑布及雨后的空气中，在这种环境中活动，负氧离子浓度相对较高，我们会感到心旷神怡、精神振奋。这是因为负氧离子进入呼吸道后，可通过神经反射及体液调节机制对肌体产生一系列的影响，如改善肺换气功能，增加氧吸收量和二氧化碳排出量，调节并改善神经系统功能，特别是大脑皮层功能，消除脑中枢疲劳，所以户外休闲运动是最接近大自然的休闲活动，有益于身心健康。

游泳、冲浪、温泉浴等休闲运动，虽然在与人体皮肤接触的水流的形式及冲击强度上有所不同，但都可起到不同程度的水按摩作用，即促进血液循环，使紧张的肌肉得到放松。当水温较凉时，心血管在冷水的刺激下，毛细血管开始收缩，心搏加速，血压升高；而后血管扩张，心搏减慢，血压下降，心脏负担减轻。可起到提高心肌能力，改善心肌营养的作用。当水温较高时，热水刺激血管扩张，血液循环加速，促进血液运输，加快代谢废物排泄，能够较好地清洁皮肤、放松肌肉、解除肌肉痉挛。

第四章 体育生理学在体育训练中的应用原理

运动训练的本质是对人体施加一定的生理负荷刺激，引起肌体各器官系统在生理功能与形态结构方面产生一系列有规律的良好适应，达到增强体质和提高运动能力的目标。

本章从生理学角度对运动训练的基本原则与要素，训练课各阶段的生理学评定，过度“训练”、停训与恢复训练，运动性疲劳的产生、测定与恢复，运动损伤的产生及处理等五个方面进行分析，以期有利于科学指导运动训练。

第一节 训练的基本原则与要素

一、运动训练的基本原则

训练是一个系统化的过程。在运动训练实践中，为更好地安排训练计划，产生最佳的训练效果，人们逐渐发现和总结出一些在运动训练中必须遵循的基本原则。这些原则是运动生理学基础知识、基本理论和一些科研新成果的应用和转化，对这些运动训练原则进行生理学分析，有助于在正确认识和理解其理论依据的基础上，在科学训练中对其进行正确的掌握、应用和发展。

（一）循序渐进原则

渐增超负荷原则是指在训练中采用的生理负荷量与强度应该超过已经适应的负荷进行训练的原则。所有的运动训练方案都必须遵循渐增超负荷原则，才能取得理想的训练效果。渐增超负荷原则的生理学依据是建立在人体对训练负荷的适应规律基础上的“超负荷”原理。“超负荷”并非指超过本人所能承担的最大负荷，而是指在训练中给予训练者以相应量度的负荷。为了提高运动能力，根据人体功能适应规律，该负荷应超过平时习惯负荷或大于之前通过训练后已经适应的负荷。这种较大的负荷会对人体产生较强或新的刺激，引起人体产生由开始的不适应到一定时期训练后的适应性变化。负荷刺激过小，引起人体不适应程度较小，最后产生的适应性变化也较小；负荷刺激过大，对人体刺激过大，超出了人体的适应范围，不但不能提高运动能力，而且会发生运动损伤、过度训练与过度疲劳等病理性改变，甚至缩短运动寿命。

在运动训练过程中，为了不断提高运动能力，在适应原负荷的基础上，必须逐渐地增加运动负荷，使人体经常在超负荷的条件下训练，产生新的生理适应。

由于原有负荷被人体适应后，其生理刺激将不能再引起人体产生更高水平的适应，此时，若不再逐渐增加负荷的量和强度，人体的运动能力就不能继续提高。因此，无论是力量训练、无氧训练，还是有氧训练，训练量的安排都要遵循渐增超负荷原则。

例如，一个青年进行力量训练时，起初尽最大努力只能将 50 千克重的杠铃卧推 10 次，经过 2 周力量训练后，卧推重复次数提高到了 15 次。根据渐增超负荷原则，他应该适当增加杠铃的负荷，所以他将杠铃增加了 2 千克，使其重复次数重新回到 10 次。经过 2 周训练后，重复次数又增加到了 15 次，他又重新增加杠铃的负荷，保证最大重复次数还是 10 次后，继续训练。

（二）专门性原则

专门性原则是指在运动训练中，采取的练习项目、强度、频率、时间、手段与方法等应与训练的目标或专项的要求相一致。该原则的生理学依据是急性运动后的生理反应和长期训练后的生理适应均决定于该运动的种类、运动量和运动强度等因素的特异性。根据专门性原则，训练方案必须围绕专项的主要生理特点安排训练内容，才能获得专门的训练适应。

例如，为了提高肌肉爆发力，一个铅球运动员并不应该重视长跑训练或慢速度、低强度的阻力训练。因为这些训练并不能满足他爆发力发展的需求。

不同运动项目对身体功能有不同的需求，其相对应的训练内容也应不同。从生理学角度分析，任何形式的负荷只能作用于人体特定的器官或系统，引起特定的功能与结构的变化。通常以无氧供能为主的项目，如短跑，应选择强度大、持续时间短的练习；以有氧供能为主的项目，如长跑，应选择强度中等、持续时间长的练习。

另外，不同活动部位和动作结构的训练，对神经系统协调能力、运动单位的募集以及局部肌肉代谢特征的影响也不同。对手肘关节而言，引体向上主要作用于肱二头肌等屈肌，俯卧撑则主要作用于肱三头肌等伸肌。在运动技能的转换中，动作结构相似时，前一动作可能对后一动作产生良好的影响；动作结构差异明显时，前一动作可能对后一动作产生负面影响。

（三）可逆性原则

可逆性原则是指运动训练可以提高人体的运动能力、增强各器官系统的功能，但又会因训练的终止而逐渐下降复原，即这种变化是可逆的。如果运动训练水平下降或停训，所获得的训练效应会出现退化现象，如果长期停训甚至可能会使所获得的训练效应完全失去，下降到只能满足日常生活需要的水平。

运动训练使人体体质增强和运动水平提高的生理学本质是一个积极的“刺激—反应—适应”的动态变化过程。运动条件反射的生理学本质表明，运动训练对人体产生的条件刺激如果不加以强化，条件反射就会逐渐减弱或消退。人体在运动训练中获得的功能与结构方面的变化是可逆性的，即可逆性原则。依据可逆性原则，如果要长期保持人体在训练中获得的良好变化，防止因中止训练后出现可逆变化，就必须坚持健身锻炼与运动训练的经常性和持续性，在训练方案中还必须包含维持运动效应的训练内容。

（四）区别对待原则

区别对待原则指运动项目、强度、频率、时间、手段与环境的选择应根据运动员的个人条件与实际情况来确定，即运动训练方案的确定应针对性别、遗传、健康与初始水平等个体差异性，具有特异性。

制订运动训练方案时，首先要根据性别差异区别对待。有专家认为，在体能训练方面，女子与男子对相同的训练计划具有相似趋向的反应，体能训练的一般方法也适用于女子，但不意味着应与男子进行等量和等强度的训练。

另外，在健身锻炼与运动训练中，应该充分认识到不同人群、不同个体的健康水平存在显著的个体差异，且由于训练的起始水平不同，人体的身体素质与器官系统的功能水平也不同，在运动项目、强度、频率、时间、手段与环境的选择上，更应该根据对象的情况具体问题具体分析，科学地制订各阶段、各时期的运动处方和训练计划，使其符合训练对象的个体需求与发展。同时，在健身锻炼与运动训练中，还要考虑不同阶段的训练目标和要求以及训练者动态的生理功能状态。

（五）适时恢复原则

为了获得优异成绩或较好的身体素质，许多运动员往往想克服自己的惰性，恨不得每天都进行刻苦训练，但是结果却事与愿违，最终导致训练的不适应现象发生。其原因是违背了适时恢复原则，即要及时消除训练中产生的疲劳，并通过生物适应过程产生超量恢复和提高肌体能力的生理学原则。

适时恢复原则的生理学依据是人体功能能力和能量储备的“超量恢复”机制。人体运动技能的增强是通过各个系统、器官、组织甚至细胞对运动刺激产生逐步适应，并经历长期的工作、疲劳、恢复、超量恢复以及消退等多个阶段的循环来实现的。

（六）周期安排原则

周期安排原则是指周期性地组织运动训练过程的训练原则，也就是依照训练者肌体的生物节律，循环往复、逐步提高地安排训练内容和负荷量度。周期安排原则的确立是在上述原则的基础上提出来的，其生理依据与人体对训练负荷的适应规律、“超负荷”原理以及“超量恢复”等多个生理机制有关。

人体运动能力的提高，明显地表现出周期性的特点，只有通过积极的恢复周期来消除心理和生理等方面的疲劳后，训练者才能再次承受大的运动量刺激，促进运动状态的再次提高。

另外，每个人都有自己的生物节律和身体状态的变化规律，所以安排训练时必须充分考虑每个人的实际情况。按照周期性原则，训练要周期性地按准备期、竞赛期、过渡期循环往复地进行，不断地、波动式地提高运动员的训练水平。

根据比赛日程将年度训练计划（年周期）依次分解为大周期、中周期和小周期，小周期又分为若干节训练课，使多年训练的总目标逐渐分解和落实为年度目标、大周期目标、中周期目标、小周期目标和每节训练课目标，便于进行训练效果的及时评定和反馈。根据比赛的不同，1 个大周期多为 3 ~ 12 个月不等，1 个中周期多为 1 个月左右，1 个小周期多为 1 周左右。

例如，经典的力量和爆发力训练的大周期为半年，共包括 5 个阶段（中周期）：第一阶段的主要特点是运动量大而强度较低，重复次数和组数较多。中间的三个阶段最为关键，其运动量逐渐减少，而运动强度逐渐增加。最后一个阶段通常为一个主动恢复阶段，采取轻阻力训练或一般活动来促使身心完全恢复。主动恢复后，再循环进行第二个大周期，如表 4-1 所示。

表 4-1　力量与爆发力训练周期

变量	肥肉肥大期	力量发展期	爆发力发展期	最大肌力发展期	主动恢复期
组数	3～5	3～5	3～5	1～3	一般活动或轻阻力训练
重复次数	8～20	2～6	2～3	1～3	
强度	低	高	高	很高	
持续时间（周）	6	6	6	6	2

二、运动训练的基本要素

（一）持续时间与运动强度

运动持续时间即一次训练期间内从事运动所花费的时间。运动强度是指单位时间内移动的距离或所消耗能量的大小。运动强度反映运动时的剧烈程度，是构成运动量的因素之一。

从生理学的角度看，体育锻炼和运动训练的效果与运动强度有十分密切的关系。有氧运动训练中常用最大摄氧量百分比、最高心率百分比和梅脱（METs）来表示个人的相对运动强度；无氧运动训练中常用速度，力量训练中常用最大重复次数（RM）来表示。

在有氧运动训练中，每次训练的持续时间都对训练效果有明显的影响。有氧耐力训练产生效果最低限度的时间是心肺功能适应运动的最低时间，一般为 5 分钟。

运动持续时间的长短与运动强度成反比，如表 4-2 所示。

表 4 2 运动时间与强度对照

时间（min）	低强度训练（%VO_2max）	中强度训练（%VO_2max）	高强度训练（%VO_2max）
5	70	80	90
10	65	75	85
15	60	70	70
30	50	60	60

（二）练习的次数与频率

练习次数指一次训练中的重复次数。训练频度指一周的训练天数。在力量训练中，练习次数和训练频度的安排受训练目的、运动形式和练习者身体训练水平等因素的影响。

研究表明，对初次参加运动训练者，隔天训练的效果比每天训练效果好。每天进行力量训练者，训练 10 次后，肌肉力量可提高 47%，而以同样训练负荷进行隔天训练，经过 10 次训练后肌肉力量可提高 77.6%。

举重等以发展肌肉最大肌力为主要目的的运动，其运动强度应足够大，一般接近或达到肌肉的最大负荷能力，练习组数不低于 3 组，训练频度则可适当减少，每周 1 ~ 2 次即可。

以发展肌肉体积线条和爆发力为主要目的的运动，如健美，其运动强度应适当降低，但练习组数和频度则相应增多。

以发展肌肉耐力和提高内脏功能水平为主要目的的运动，其运动强度更低，练习次数相应较多，练习频度也可有所增加。运动者负荷量大小和身体恢复情况可作为决定训练频度的主要依据。

（三）运动量

运动量包括运动强度和运动持续时间两个因素，是二者的乘积。对某一运动项日而言，三者之间的关系是“运动量＝平均运动强度×运动持续时间”。

而在一段时间（如 1 周或 1 月）训练的运动总量除了运动强度和运动持续时间外，还要考虑这段时间的训练频度，即“运动总量＝（平均运动强度×运动持续时间）×训练频度”。

无论是体育锻炼还是运动训练，都存在一个合理安排运动量的问题。锻炼效果的好坏，往往取决于运动量的大小。如果运动量过小，则达不到提高相应器官功能的目的，锻炼效果甚微；如果运动量过大，不仅达不到增强体质的目的，还会对锻炼者的健康产生不利影响。

第二节　训练课各阶段的生理学分析

一次运动训练按照训练的时间顺序与特征，通常分为准备活动、基本部分与整理活动等阶段，各阶段的任务、目的、内容与手段不同，人体发生的生理功能的变化也不同。

一、准备活动

准备活动，也叫热身运动，指在比赛、训练和体育课的基本部分之前有目的地进行的身体练习。从生理学角度看，适宜的准备活动可为即将来临的运动训练、剧烈运动或正式比赛做好功能上的准备。

（一）准备活动的生理作用

准备活动的生理作用主要表现在以下三个方面。

第一，适度提高中枢神经系统的兴奋性，增强内分泌腺的活力，促进参与活动的有关中枢之间的协调，使正式训练或比赛时的生理功能迅速达到适宜状态。

第二，预先克服内脏器官的生理惰性，增强氧运输系统的功能，使肺通气量、摄氧量和心输出量增加，从而有效地缩短进入工作状态的时程，使人体在正式运动开始时能尽快发挥最佳的工作能力。

第三，使体温适度升高，从而提高人体代谢水平，并有效地预防运动损伤。体温的适度升高可提高代谢酶的活性和人体代谢水平；加快神经传导速度和肌肉收缩速度；使氧离曲线右移，促进氧合血红蛋白的解离，有利于运动时肌肉的氧供应；降低肌肉的黏滞性，增强肌肉弹性和伸展性，预防运动损伤；增强皮肤血流，有利于散热，防止正式练习时体温过高；调节不良的赛前状态。

（二）准备活动的安排

准备活动包括一般性准备活动与专门性准备活动。一般性准备活动通常采用慢跑、伸展性练习与各种徒手或器械操等一般性身体练习。运动训练前，应当先进行一般性的准备活动，如走、跑、跳、徒手操及游戏等活动。

在进行某些身体局部负荷量大的技术动作训练时，必须增加一些专门性准备活动，以保证运动时直接使用的肌肉能有适合的肌肉温度和血液供应，保持较好的神经肌肉控制，如图 4-1 所示。

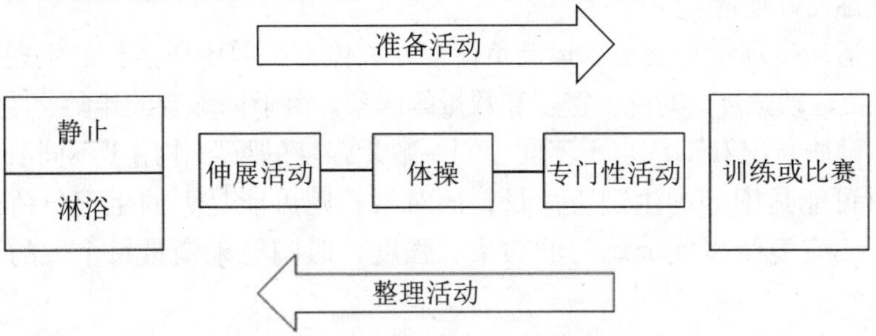

图 4-1 准备活动与整理活动的顺序

准备活动的内容和特征应该与训练者自身的特点，以及专项特征、性质或本次训练课的内容相一致。根据即将进行的训练内容的特点和需要，在一般性身体练习之后可选择相似的模仿练习进行专门性准备活动。

例如，在篮球训练和比赛前做运球、传球、投篮或某些简单的战术配合等准备练习。一套好的准备活动，应包括上肢、下肢、跳跃和专项练习，动作的顺序应是从上肢到下肢或从下肢到上肢，总之要充分热身，把躯体各个关节都活动开，使身体尽快进入最佳状态，以适应剧烈运动。

一般认为，准备活动的强度以 45%最大摄氧量、每分钟心率 100 ~ 120 次、时间 10 ~ 30 分钟为宜，并根据运动项目的特点、季节、气候、训练者的训练水平以及个性特点等因素加以调整，通常以身体发热或微微出汗为宜。准备活动与正式训练的时间间隔一般不超过 15 分钟，在一般的体育教学训练课中以 2 ~ 3 分钟为宜。若准备活动与正式训练之间的间隔时间过长，其痕迹效应则消失。实验证明，准备活动后间隔 45 分钟其痕迹效应将全部消失。

二、基本部分

基本部分是运动训练课的主要部分，是对人体施加有效生理负荷刺激，引起人体各器官系统结构与功能产生适应性变化的阶段。

（一）运动负荷与运动负荷域

运动训练负荷刺激的强度与人体出现的反应与适应的程度密切相关，过强的刺激如果超过人体所能接受的生理范围，人体就不能适应甚至导致损伤；过弱的刺激则会大大延长适应过程；只有在生理范围内的适宜刺激，才能加快人体的适应过程，使其在形态结构与功能方面产生预期的适应性改变或称良好适应。

从运动生理学角度看，运动负荷就是人体在练习中所达到的生理负荷量，涉及运动强度、时间、密度和数量等因素。由于训练者的年龄、性别、体质、健康状况和训练水平不同，同一数量强度的练习作用于不同肌体，对某甲可能是中等的生理负荷量，而对某乙则可能是大的生理负荷量。因此，不宜笼统以完成练习的数量、强度、时间等来衡量每个人的运动负荷。

运动负荷域是指在运动训练课中，适宜运动负荷的低限至高限的生理范围，包括运动训练的强度、时间、密度与数量四个基本因素。在一次运动训练课中，四者之间相互关联、相互影响，在其他因素基本相同的情况下，某一因素的变动均会影响该次练习所给予人体的生理负荷的变化。

（二）运动训练的适宜生理负荷量

生理范围内运动负荷的高限与低限差别很大，在一次训练课中，就其增强体质和提高运动技术的效果来看，人体的生理负荷量在生理范围内偏于高限或中限以上为宜。生理负荷量的评定是一项复杂细致的工作。

运动训练的适宜生理负荷量的生理意义主要表现在以下三个方面。

第一，生物肌体内物质能量代谢的超量恢复规律，即恢复过程的强度、超量恢复的大小和持续时间等，取决于消耗过程的强度，在生理范围内，肌肉活动量越大，消耗过程越剧烈，随之而来的超量恢复就越明显。

第二，运动条件反射的生理本质表明，条件反射建立的快慢与神经系统活动的“强度法则”有关，即刺激强度小，条件反射建立慢。在生理范围内给予较强的刺激（良性刺激），条件反射建立快。

第三，肌体抗疲劳、消除疲劳和加速恢复的能力需要在经历疲劳时的生理变化中才能适应和提高。

运动实践中常用心率控制训练的生理负荷量，但由于年龄、训练水平、身体素质与健康水平等因素的影响，运动心率具有明显的个体差异，因此，在训练中应根据训练者与项目的实际情况确定。在儿童和青少年的业余运动训练中，更要注意适宜生理负荷量的掌握。

（三）“极点”与“第二次呼吸”

在运动训练过程中，运动强度较大、持续时间较长时，训练者可能会出现“极点”或“第二次呼吸”现象。

1. “极点”及其产生的原因

训练者进行强度较大、持续时间较长的剧烈运动时，由于运动开始阶段内脏器官的活动不能满足运动器官的需要，常会产生一些令人非常难受的生理反应，如呼吸困难、胸闷、头晕、肌肉酸软无力、动作迟缓不协调，甚至不想再继续运动，这种功能状态称为“极点”。

“极点”产生的原因是内脏器官的功能惰性大，运动开始时每分钟摄氧量水平有所提高，但仍不能适应肌肉活动对氧的需求，造成体内缺氧或供氧不足、乳酸堆积和血液 pH 向酸性方面偏移。人体内环境的改变不仅会影响神经肌肉的兴奋性，还会反射性地引起呼吸系统和循环系统的活动紊乱。这些功能失调的强烈刺激传入大脑皮层，使动力定型暂时遭到破坏，出现“极点”状态。

2. “第二次呼吸”及其产生原因

“极点”出现后，依靠坚强的意志品质和调整运动节奏继续坚持运动，这些不良的生理反应便会逐渐减轻或消失，此时呼吸变得均匀自如，动作变得轻松有力，训练者能以较好的功能状态战胜“极点”，继续运动，这种状态称为“第二次呼吸”。

“第二次呼吸”产生的原因是随着运动的持续进行，内脏器官的惰性逐步得到克服，吸氧水平逐渐提高。另外，“极点”出现时，运动速度暂时下降，致使运动时每分钟需氧量减少，人体缺氧状态逐步得到缓解，内环境得到改善，呼吸系统和循环系统的功能活动增强，动力定型得以恢复，人体各种功能活动开始进入稳定状态。

3. 影响“极点”与“第二次呼吸”的因素

“极点”反应的强弱和“第二次呼吸”出现的早晚与运动项目的特点、运动强度，以及训练者的训练水平和运动前的功能状态等因素有关。一般来说，运动强度较大和持续时间较长的周期性运动项目（如中长跑），“极点”的反应较明显，训练水平越低，“极点”出现得越早，反应越强烈，“第二次呼吸”出现得也越迟。

减轻“极点”反应的措施：良好的赛前状态和适当的准备活动都能预先克服内脏器官的生理惰性，从而减轻“极点”的反应程度；“极点”出现时，应继续坚持运动，并注意加深呼吸和适当控制运动强度，这有助于减轻“极点”的反应和促使“第二次呼吸”的出现。

三、整理活动

整理活动，也叫缓和运动，是训练者在完成训练任务后进行的一些中小强度运动或练习。整理活动在运动训练的安排中非常重要，可以减少运动后低血压的发生。同时，这种运动性恢复比完全静止性的恢复更能有效地促进疲劳的消除，具有积极的生理意义。

研究结果表明，在大运动量训练后进行轻微的活动（走步或慢跑），血液中乳酸的消除比完全休息要快。有专家建议采用相当于 50%～60%训练强度的专项运动进行放松整理的效果更佳，能够使运动肌群积极参与乳酸的清除，得到积极性恢复。虽然目前还没有可用于不同运动项目的专门性整理活动的方案，但从原则上讲，整理活动和准备活动的内容是相类似的，不过其安排的顺序要颠倒过来，即训练或比赛结束后以专门性整理活动开始，接着进行慢跑、伸展性练习与各种徒手等一般性身体练习。

第三节　过度训练、停训与恢复训练

运动实践表明，经常参加运动训练者不可避免地会出现伤病和过度训练等不良现象。训练者所从事的训练负荷和强度越大，训练或比赛越频繁，伤病和过度训练出现的概率也越大。出现伤病和过度训练后，应该及时地安排停训，等待伤病治愈或情况好转后再进行恢复训练。

一、过度训练

（一）过度训练的概念

过度训练是指训练者长时间训练或过大的运动强度后，训练负荷超过了身体所能耐受的强度和适应能力，而导致的身体疲劳和功能下降，不能在两周内恢复的状态。过度训练是训练与恢复、运动与运动能力、应激与应激耐受力之间的一种失衡状态。

（二）过度训练的主要表现和生理机制

过度训练所表现的各种症状称为过度训练综合征（OTS）。不同训练者之间的过度训练综合征群呈现高度的个体化特点，给判定带来一定困难，但一般表现为以下特征：运动能力下降是过度训练综合征最明显的特征，表现为肌肉力量、协调性和最大工作能力下降；安静时心率、血压升高，体位性血压降低及体位性心率升高；食欲降低及体重下降；肌肉僵硬；偶发的恶心；睡眠质量下降、失眠；抵抗力下降，易患感冒、呼吸道感染等。

过度训练是继发于运动训练的应激反应，其生理机制尚不完全清楚。研究提示，过度训练与植物性神经紊乱、内分泌功能改变和免疫功能下降密切相关。

（三）过度训练的预防

过度训练可以通过以下手段与方法进行预防。

第一，训练者功能状况的测定，即定时对训练者安静和运动后心率以及血乳酸、血红蛋白等生化指标进行测定。

第二，注重训练者的主观感受，即要求训练者每天认真记好训练日记，对自我感觉（疲劳、睡眠、兴奋性和不适感等）、压力或不愉快的原因以及伤病的发生等详细记载，加强训练者的自我监控。

第三，科学安排训练，即训练负荷不要过大，大强度训练后，应安排较小的运动训练作为调整。同时合理进行营养补充，耐力性训练者应特别注意运动后补充糖类，力量性训练者应该补充足够的蛋白质。

二、停训

训练者由于伤病、旅行和休息等原因减少或中止运动训练，可造成以前训练所获得的功能和结构的良好变化部分或完全消失，运动成绩也随之下降，这种现象称为停训。长时间减少训练或完全停训会对生理功能和运动能力产生不良影响。

（一）停训对心肺功能的影响

运动训练可以提高循环系统和呼吸系统的功能。研究发现，停止训练则会使已提高的心肺功能下降。观察发现，未经系统训练的受试者在恢复训练后 10 天就已恢复到停训前水平，而训练有素的训练者则需要 40 天左右才能完全恢复到停训前水平，即训练水平越高的训练者对于减少或停止训练越敏感。此外，在比赛结束后完全不运动的训练者在新赛季开始后很难恢复到原有的竞技状态。

停训导致的心肺功能下降比同一时期出现的肌肉力量及肌肉耐力的下降更为明显。德林沃特（Drinkwater）和霍瓦斯（Horvath）观察了 8 名女子径赛运动员停训 3 个月后，其最大摄氧量平均下降 15.5%。训练频率和时间减少至原运动负荷的 1/3 时，有氧工作能力才会明显下降。从保持训练效果角度考虑，保持训练强度对维持有氧工作能力的作用更为明显。

因此，希克森（Hickson）等建议，为保持较高的最大摄氧量水平，训练强度至少应保持在 70%最大摄氧量。由于耐力运动水平一旦下降，需要相当长的训练时间才能恢复到原有的巅峰状态，所以停训的训练者应尽早恢复耐力训练，以减少心肺耐力水平的下降。

（二）停训对肌肉力量和功率的影响

虽然训练者在停止训练的最初几个月就会出现肌肉力量和功率的下降，但与骨折时肢体固定数周相比，其变化并不明显。肌肉萎缩所导致的肌肉力量下降可能是由于肌肉体积减小和水分丧失所致。肌肉在相对不活动时，所接受的神经刺激频率下降，影响了正常的肌纤维募集，因此，募集肌纤维的能力下降也可能是停训造成肌肉力量下降的原因。

一般来讲，训练者停止训练后，肌肉力量可以保持 6 周。如果每 10 ~ 14 天训练一次，肌肉力量可以保持更长的时间。研究发现，维持肌肉力量也需要一个阈刺激，才能保持通过训练所获得的力量、功率和体积，这对伤病训练者保持肌肉力量有着十分重要的意义。在最初恢复的前几天，训练者可以用受伤的肢体做少量的运动，特别是简单的等长训练对于伤病训练者的恢复是非常有效的。

（三）停训对肌肉耐力的影响

在停训 2 周后，肌肉的耐力开始下降。目前尚不清楚是肌肉变化还是心肺功能变化在引起耐力下降中所起的作用哪个更大。停训时，肌糖原含量发生变化，竞技游泳运动员和未训练者停训 4 周后，游泳运动员的肌糖原含量下降至与未训练者基本相同的水平。

有研究发现，在停训期，肌肉组织的毛细血管供血量下降，从而影响肌肉的氧运输，造成肌肉氧化能力下降。血乳酸和 pH 的变化可用来评价训练者停训后肌肉的生理变化。

（四）停训对速度、灵敏和柔韧的影响

停训对速度和灵敏所产生的影响作用相对较小，可以通过少量的训练维持最佳速度和灵敏素质。

但这并不是说停训对短跑运动成绩没有影响，因为短跑成绩不仅取决于速度和灵敏，在实际训练过程中，训练者往往花费大量的时间提高动作质量，调整竞技状态，而不是仅仅提高速度和灵敏。

停训期间训练者的柔韧性下降很快，使训练者更容易导致运动损伤。因此，全年的训练计划中应经常安排柔韧性练习，比赛期间的训练也应包含伸展性练习。

三、恢复训练

恢复训练是指一段时间不运动后重新开始训练。恢复训练的效果主要受身体功能水平以及停训时间长短的影响。

如前所述，训练水平越高的训练者由于停训而遭受的功能损失往往也越大，恢复到原有训练水平所需要的时间也越长。停训 2 ~ 3 周可以对训练有素者造成不良影响。

研究表明，停训可使肌肉氧化酶的活性下降 13% ~ 24%、运动至力竭的时间下降大约 25%、最大摄氧量下降约 4%。在恢复训练 15 天后，仅最大摄氧量恢复到了原有水平，氧化酶活性未见提高。虽然运动至力竭的时间有所提高，但仍比原有水平低 9%，这表明即便是时间很短的停训也会造成高水平训练者生理功能的明显下降。

为加快肢体固定后肌肉功能的恢复，应使训练者在肢体固定时做适当的关节运动，以减小肌纤维横断面积的下降幅度，保持氧化酶的活性不变。在肌肉固定期间，用电刺激固定肌肉，可以防止肌肉有氧能力的下降并防止肌纤维萎缩。

第四节　运动性疲劳的产生、恢复与测定

一、运动性疲劳的概念与主要种类

（一）概念及其发展过程

运动性疲劳是人体生理过程不能持续将其机能维持在一特定水平上或不能维持预定的运动强度的生理现象。

运动性疲劳是运动本身引起的肌体工作能力暂时降低，经过适当时间休息和调整可以恢复的生理现象，是一个极其复杂的身体变化综合反应过程。

（二）运动性疲劳的种类

疲劳一般分为心理疲劳和身体疲劳。心理疲劳是由于心理活动造成的一种疲劳状态，其主观症状有注意力不集中，记忆力障碍，理解、推理困难，脑力活动迟钝、不准确。行为改变表现为动作迟缓，不灵敏，动作的协调能力下降，失眠、烦躁与不安等。

身体疲劳是由身体活动或肌肉活动引起的，主要表现为运动能力的下降。身体疲劳分为全身的、局部的、中枢的、外周的等类型。身体疲劳常因活动的种类不同而产生不同的症状。在运动竞赛和运动训练中，身体疲劳和心理疲劳是密切联系的，故运动性疲劳是身心的疲劳。

二、运动性疲劳产生的机制

从20世纪初，就开始了对运动性疲劳的系统研究。迄今关于运动性疲劳产生机制的理论最具代表性的有以下几种。

（一）“衰竭学说”

衰竭学说认为疲劳产生的原因是能量物质的耗竭。其依据是，在长时间运动中，产生疲劳的同时常伴有血糖浓度降低，补充糖后，工作能力有一定程度的提高。坎农（Cannon）等发现，狗运动到精疲力竭时，注射肾

上腺素后又能继续跑动，因肾上腺素可使肝糖原进一步分解，从而使血糖水平提高。

（二）“堵塞学说”

堵塞学说认为，疲劳的产生是由于某些代谢产物在肌组织中堆积。其依据是，疲劳的肌肉中乳酸等代谢产物增多。卡尔森（Karlsson）的研究认为，乳酸堆积会引起肌肉机能下降。乳酸堆积可引起肌肉组织和血液 pH 值（酸碱度）的下降，阻碍神经肌肉接头处兴奋的传递；抑制磷酸果糖激酶（PFK）活性从而抑制糖酵解，使 ATP 合成速率减慢。pH 值下降，还使肌浆中 Ca^{2+} 的浓度下降，从而影响肌凝蛋白和肌纤蛋白的相互作用，使肌肉收缩减弱。

（三）内环境稳定性失调学说

内环境稳定性失调学说认为，疲劳是由于 pH 值下降，水盐代谢紊乱和血浆渗透压改变等因素引起的。当人体失水占体重 5%时，肌肉工作能力下降 20%～30%，失水量过多时，易发生中暑。美国哈佛大学疲劳研究所曾报道，在高温下作业的工人因分泌汗液过多，致使疲劳，严重疲劳时给予饮水仍不能缓解，但饮用含 0.04%～0.14%的氯化钠水溶液可使疲劳有所缓解。

（四）保护性抑制学说

按照巴甫洛夫学派的观点，运动性疲劳是由于大脑皮质产生了保护性抑制。运动时大量冲动传至大脑皮质相应的神经细胞，使其长时间兴奋导致消耗增多，为避免进一步消耗，便产生了抑制过程，这对大脑皮质起到保护性作用。1971 年雅科甫列夫发现，小鼠在进行长时间工作（10 小时游泳）引起严重疲劳时，大脑皮质中 γ-氨基丁酸水平明显增高，该物质是中枢抑制介质。其他因素如血糖下降、缺氧、pH 值下降、盐丢失和渗透压升高等，也会促使皮层神经细胞工作能力下降，从而促进疲劳（保护性抑制）的发生和发展。

（五）自由基学说

自由基是指外层电子轨道含有未配对电子的基团。在细胞内，线粒体、内质网、细胞核、质膜和胞液中都可以产生自由基，由于自由基化学性质活泼，可以与人体内糖类、蛋白质、核酸及脂类等发生反应，因此，能造成细胞功能和结构的损伤和破坏。自由基学说认为，自由基与运动性疲劳有着密切的关系，是导致运动性疲劳的重要原因。

研究发现，剧烈运动后自由基产生过多，可造成肌纤维膜、内质网完整性丧失，妨碍了正常的细胞代谢与机能；还造成胞浆中 Ca^{2+}的堆积，影响了肌纤维的兴奋与收缩耦联，使肌肉的工作能力下降；自由基能引起线粒体呼吸链产生 ATP 的过程受到损害，使细胞能量生成发生障碍，影响了肌纤维的收缩功能。

另外，还有一些重要的酶由于自由基的作用而失活，从而产生一系列病理变化，也能导致肌肉收缩能力下降产生疲劳。

三、运动性疲劳的判定

科学判断运动性疲劳的出现及其程度，对合理安排体育教学和训练有很大实际意义。然而，疲劳的表现形式多种多样，引起疲劳的原因和部位也不尽相同，目前还没有一个准确判断疲劳的方法。这里仅介绍几种较为简单的生理指标测定方法。

（一）肌力测定

1．肌肉力量

一般选用较为简单的握力或者背力，可早晚各测一次，求出其数值差。如次日早晨恢复，可判断为正常肌肉疲劳。

2．呼吸肌耐力

可连续测 5 次肺活量，每次测定间隔 30 秒，疲劳时肺活量逐次下降。

（二）神经系统功能测定

（1）膝跳反射阈值：疲劳时该指标增高。

（2）反应时：疲劳时反应时延长。

（3）血压体位反射：受试者坐姿，休息 5 分钟后，测安静时血压，随即仰卧在床上 3 分钟，然后把受试者扶起成坐姿（推受试者背部，使其被动坐起），立即测血压，每 30 秒测一次，共测 2 分钟，若 2 分钟以内血压完全恢复，说明没有疲劳，恢复一半以上为轻度疲劳，完全不能恢复为重度疲劳。

（三）感觉器官功能测定

1. 皮肤空间阈

受试者仰卧、横伸单臂、闭眼，测试人员持触觉计或两脚规，拉开一定距离，将其两端以同样的力轻触受试者前臂皮肤，先从感觉不到两点的距离开始，逐渐加大两脚针距离，直到受试者感到了两点的最小距离为皮肤空间阈，又称两点阈。

2. 闪光融合频率

受试者坐位，注视频率仪的光源（如红色），直到将红光调至明显断续闪光融合频率为止，又称临界闪光融合频率。测三次，取其平均值，疲劳时闪光融合频率减少。

（四）生物电测定

1. 心电图

疲劳容易导致心电图波形异常。

2. 肌电图测定

疲劳时，肌电振幅增大，频率降低，电机械延迟延长。这些均表明神经——肌肉功能下降。

3. 脑电图测定

脑电图可作为判断疲劳的一项参考指标。疲劳时由于神经细胞抑制过程的发展，可表现为慢波成分的增加。

（五）主观感觉判断（RPE）

瑞典生理学家冈奈尔· 鲍格（Borg）在 1973 年研制了主观感觉等级表，鲍格认为："在运动时来自肌肉、呼吸、疼痛、心血管各方面的刺激，都会传到大脑，而引起大脑感觉系统的应激。"因此，运动员在运动时的自我体力感觉，也是判断疲劳的重要标志。

RPE 的具体测试方法是：在运动现场，放一块 RPE 板（主观体力感觉等级表）。锻炼者在运动过程中，指出自我感觉是第几号，以此来判断疲劳程度。如果用 RPE 的编号乘 10，相应的得数就是粗略完成这种运动负荷的心率。

（六）一般观察法

用一般观察法来判定运动性疲劳，如表 4-3 所示。

表 4-3　运动性疲劳观察判定依据

内容	轻度疲劳	中度疲劳	重度疲劳
自我感觉	无任何不适	疲乏、腿痛、心悸	除疲乏、腿痛、心悸外，还有头痛、胸痛、恶心，甚至呕吐现象。有些现象存在时间较长
面色	稍红	相当红	十分红，或苍白，有时呈紫蓝色
排汗量	不多	甚多	非常多，尤其是躯干部分；在颞部以及汗衫和衬衣上可出现白色盐迹
呼吸	中等加快	显著加快	显著加快，并且表浅（其中，有少数深呼吸出现），有时呼吸节奏紊乱
动作	步态稳定	步伐摇摆不稳	摇摆现象显著，出现不协调动作

四、运动性疲劳的恢复

（一）一般恢复

1. 节假日的生活安排

对于人们来说，节假日休息是消除疲劳、防止疲劳进一步积累的好办法。所以，当感觉劳累时一定要利用星期天对自己进行调整。

星期天与其他节假日的活动要安排得有意义一些，尽量去户外活动，最好到大自然中去呼吸新鲜空气，这样才会更好地消除疲劳，有益于身心健康。

2. 保证睡眠质量

睡眠是恢复体力、消除疲劳非常有效的方法之一。人在睡眠时，人体的器官、系统活动下降到最低水平，物质代谢减弱，能量消耗仅维持到最低水平，这时合成代谢有所加强，运动时消耗的能源物质逐渐得到补充。同时，睡眠对大脑皮质细胞来说也是一种保护。

因此，合理安排作息时间，讲究睡眠卫生，并始终如一地贯彻下去，对消除疲劳预防运动性疾病具有重要的作用及意义。为了保证睡眠的质量，平时可注意以下几点事项。

（1）睡眠要有规律，养成按时入睡与按时起床的良好习惯。

（2）保证足够的睡眠时间。

（3）睡眠不足时应在白天补足。午睡时间以 30～60 分钟最适宜，可弥补睡眠不足。

（4）保持良好的睡眠环境。

3．合理摄取营养

除休息和睡眠等手段外，补充营养物质也是预防疲劳的重要措施之一。在营养补充中，要注意膳食平衡的原则，不能盲目补充，也不能补充过量。

4．沐浴

沐浴可以加速人体新陈代谢，改善全身血液循环，调节肌体，使肌体兴奋，对缓解人体疲劳具有重要的作用。人体疲劳时常常表现为肌肉酸痛，这时进行温水浴可以刺激副交感神经起到镇静的作用。一般来说，40℃的温水浴对消除疲劳最理想，入浴时间以 20 分钟左右为宜。如果入浴时间过长，水的温度过高，反而因消耗大而造成疲劳，因此要根据自己的具体情况，进行适当控制。除此之外，桑拿浴、保健浴等对疲劳的消除也有一定的效果。

5．按摩

以全身性、轻手法按摩效果最显著。按摩促进疲劳恢复的机理是，通过按揉手法，使皮肤和肌肉的血液、淋巴循环加强。按摩时间应限制在 30 分钟左右。时间不能过长，手法不能过重。也可采用按摩带、按摩椅、滚动按摩器、按摩床、摇摆按摩床、加压按摩器、负压按摩器等器械进行按摩，有助于消除疲劳。

6．音乐欣赏

音乐的奇特效果是令人难以估量的。音乐可以使中枢神经系统的疲劳得到缓解，可调节呼吸、循环系统功能，对骨骼机能产生影响。特别是低音域的音乐和歌曲，有镇静、镇痛、增强记忆力、改善注意力的作用。乐曲的选择应根据运动者的情绪，考虑个人的文化素质和对音乐的欣赏能力。

以上分别叙述了消除疲劳恢复体力的主要方法。在生活中，单独采取任何一种方法效果都不理想，必须依据每个人的具体情况进行综合性的运用，效果才显著。

（二）营养恢复

运动性疲劳产生的原因之一，就是能源物质的大量消耗，当补充一定的营养后，肌体就能得到很快的恢复。

1. 糖的补充

糖是人体运动的基本能源物质。人体内肌糖原储量的多少直接影响运动的能力，因此在参加运动训练时要重视糖的补充。

2. 蛋白质的补充

蛋白质是一切细胞和组织结构的重要成分，是维持生命的物质基础，在进行大运动量训练时，应注意蛋白质的补充，特别是对必需氨基酸的补充。

3. 碱性盐类的补充

在进行大强度运动时，人体会产生一些乳酸等代谢产物，会导致出现肌肉疲劳的现象。运动后适当地补充碱性盐类，对缓解肌肉疲劳具有重要的作用。在服用碱性盐时，可在运动前 30 ~ 60 分钟加在足够的水或饮料中。

4. 维生素的补充

维生素缺乏时，会影响运动者的运动能力，因此应注意维生素的补充，尤其是维生素 B 群、维生素 C、维生素 E 的补充，但需要注意的是，不要过量补充。

5. 强壮食品及复方中药的补充

目前，强壮食品及复方中药也被广泛应用于运动性疲劳的恢复中，例如蜂蜜、人参蜂王浆、花粉、麦芽油、阿胶、鹿茸、复方丹参、田七、冬麦、枸杞子、女贞子、何首乌等均可食用。

（三）运动性手段恢复

1. 肩部疲劳消除法

作用：消除肩部疲劳；增强活力，强化脊背、心脏的机能。

方法：①仰卧。②屈膝。③用肩部和脚掌支撑身体。④在酸痛的肩部停留 10 秒。

时间：1 分钟。

2．胳膊疲劳消除法

作用：消除胳膊的酸痛和疲劳，消除懒倦。

方法：①用手掌轻轻地摩挲整个酸痛的胳膊。②按顺序按摩小臂、肘部、三角肌。在按摩过程中用手指满指尖寻找硬化部分，然后利用淋巴按摩法按摩。③要特别注意按摩胳膊上发麻和发硬的地方。④按摩肩部。⑤运用前后摇动的胳膊运动疗法。

时间：3 分钟。

3．腰部疲劳消除法

作用：消除腰部的酸痛和疲劳，使身体富有柔软性；扩张胸部。

方法：①屈膝跪地或跪在床上，用双手抓住自己的脚脖子。身体后仰，胸部前倾。此时要注意深呼吸，保持此姿势 6 秒。②腰部的淋巴按摩法：俯卧，轻轻按摩脊椎骨、腰部和臀部，要特别注意按摩淋巴停滞的地方。

时间：动作须做 5 次，每次 6 秒。

4．大腿疲劳消除法

作用：消除大腿和脚部疲劳，消除脚部浮肿。

方法：①坐下后弯曲一条腿。②用淋巴按摩法从脚脖子往上按摩。③要特别注意轻轻地按摩膝盖后部。

时间：3 分钟。

5．全身疲劳消除法

作用：消除全身疲劳，解除身体的压迫感，强化肠胃功能，增强耐力。

方法：①仰卧在地板或床上，双手呈十字水平推开。②双腿并拢，举到头部上端。③把脚尖放在头前的地方静止 6 秒。④慢慢地把双腿复归原处。

时间：30 秒。

（四）物理及理疗手段恢复

1．静力性牵张练习

静力性牵张练习是一种广泛运用于学校体育课、运动训练、健身锻炼的准备活动中的牵张练习方法。其主要优点包括效果明显、花费的时间短、可以独立完成练习和发生肌肉损伤的概率低。在静力性牵张练习中，练习者缓慢牵拉肌肉，当肌肉感到被牵拉时，停止继续拉长并坚持 10 ~ 30

秒，然后放松。这种方法可以有效避免牵张反射的副作用，提高肌肉的柔韧性。

在练习时，需要注意以下几点。

（1）牵张练习前的充分准备活动：在牵张练习前，需要进行充分的准备活动，如慢跑、健身操、伸展运动等，以提高体温，降低肌肉黏滞性，提高其伸展性，从而避免运动损伤。

（2）与准备活动相结合：牵张练习可以与准备活动相结合，通过逐渐增加牵张幅度和时间，使肌肉逐渐进入工作状态，避免突然牵张造成的肌肉损伤。

（3）掌握合理的柔韧发展水平：在进行牵张练习时，需要根据个人身体素质和专项技术的要求，掌握合理的柔韧发展水平。柔韧性的发展并非越大越好，只要符合专项技能要求，并能顺利完成即可。

需要注意的是，牵张练习应该遵循个体差异原则和适度原则，避免过度牵张和暴力牵张，以免造成肌肉损伤和其他伤害。同时，在进行牵张练习时，需要注意保持正确的姿势和呼吸方式，以避免不必要的损伤。

2．理疗

常用红外线、生物频谱仪、生物信息治疗仪等消除运动后的疲劳。理疗可以促进血液循环、改善血液供应，有利于营养物质的吸收和代谢产物的排泄，达到消除疲劳的目的。

3．拔罐及刮痧疗法

拔罐及刮痧疗法通过刺激人体的经穴，可以改善血液循环，促进新陈代谢，有利于组织代谢产物的排出，使疲劳得以消除。

4．吸氧及空气负离子疗法

吸氧可以促进新陈代谢，改善微循环，有助于消除疲劳。如果有条件，在大运动量训练后可采用高压氧治疗，对消除疲劳有明显效果。空气负离子能改善肺的换气功能，增加氧吸收量和二氧化碳排出量，改善大脑机能，刺激造血机能，使红血球、血红蛋白、血小板增加，血流速度加快，心搏输出量加大，扩张毛细血管，加速乳酸的代谢，因此有助于疲劳的消除。需要说明的是，要想获得好的消除疲劳的效果，单独采用以上任何一种方法消除运动疲劳，效果都不够理想，必须根据个人的具体情况加以综合运用。

第五节　运动损伤的产生及处理

一、体能训练运动性损伤的产生与处理

（一）挫伤

挫伤是指在钝重器械打击或外力直接作用下使皮下组织、肌肉、韧带或其他组织受伤，而伤部皮肤往往完整无损或只有轻微破损。

（1）发生原因。挫伤是指肌体某部受钝性外力作用，导致该处及其深部组织的闭合性损伤。大腿的肱四头肌和小腿前部的骨膜和后部的小腿三头肌、腓肠肌是最常见的挫伤部位，此外，腹部、上肢、头部的挫伤也时有发生。

（2）处理。受伤后应马上进行局部冷敷、外敷新伤药等，适当加压包扎，并抬高患肢，以减少出血和肿胀。肱四头肌和小腿后群肌肉的严重挫伤多伴有部分肌纤维的损伤或者断裂，组织内出血形成血肿，应将肢体包扎固定后，迅速送医院诊治。头部、躯干部的严重挫伤可能会伴有休克症状，应认真观察呼吸、脉搏等情况，休克时应首先进行抗休克处理，使伤员平卧休息、保温、止痛、止血，疼痛甚者，可口服止疼药，或者肌肉注射杜冷丁（哌替啶），并立即送医院诊治。

（二）肌肉拉伤

肌肉主动强烈地收缩或被动过度地拉长所造成的肌肉细微损伤，肌肉部分撕裂或完全断裂，称为肌肉拉伤。

（1）发生原因。肌肉受到强烈牵拉所引起的肌肉微细损伤、部分撕裂或完全断裂，叫作拉伤。球类运动中，大腿后群肌肉和小腿后群肌肉的拉伤最为常见。

（2）处理。肌肉拉伤时应立即采用氯乙烷镇痛喷雾剂等进行局部冷敷，加压包扎，并把患肢放在使受伤肌肉松弛的位置，以减轻疼痛。肌纤维轻度拉伤及肌肉痉挛者，用针刺疗法会取得良好的效果。肌肉、肌腱部分拉伤或完全断裂，应在局部加压包扎、固定后，马上送医院诊治，必要时还要接受手术治疗。通常拉伤 48 小时后才能开始按摩，但手法一定要

轻缓。

（三）腰扭伤

（1）发生原因。腰扭伤在举重、跳水、投掷、体操、篮球、排球等运动中最容易发生。在一些体育活动中，腰部的肌肉还没活动开就用猛力，肌肉和韧带拉伸过度；或是负荷重量过大，强行用力，脊柱过度前屈，技术动作的错误等，都会造成腰扭伤。

（2）处理。发生腰扭伤后，要停止活动，立即休息。如果不休息、不及时治疗，容易反复发作留下病根，变成慢性腰腿痛。躺在床上休息时，为了使腰部的肌肉放松，腰下可垫个薄一些的软枕头，以减轻疼痛。腰扭伤后，用热敷疗法较好，并注意适当加强背肌练习，也可去医院接受治疗。

（四）骨折

骨折是较严重的运动损伤。在体育锻炼中发生的骨折主要是由暴力引起的外伤性骨折，但发生率低，约占全部运动损伤的 1.5%。根据骨折时间的长短，还可分为新鲜骨折和陈旧性骨折；根据骨折的程度，分为完全骨折和不完全骨折；根据骨折处皮肤的完整与否，分为闭合性骨折和开放性骨折。实施急救的目的，在于保护断肢，避免再度损伤；预防并发症及休克，保证生命安全；防止断肢移动，便于及时运送医院。

1. 锁骨骨折

（1）发生原因，锁骨骨折大多由间接暴力作用造成，在运动中较为常见。例如跌倒时手或肘部着地，外力自前臂或肘部沿上肢向近心端冲击；而如果是肩部着地的话就更为容易造成锁骨骨折，是由于撞击锁骨外端造成的骨折。

间接暴力造成的骨折多为斜行或横行，其部位多见于中外 1/3 处；直接暴力造成的骨折因着力点不同而异，多为粉碎性或横行。锁骨骨折的典型移位多表现为：近端受胸锁乳突肌牵拉向上后移位，远端因肢体重量及胸大肌牵拉向前、下、内侧移位，形成断端短缩重叠移位。

（2）处理。悬吊：患肢轻度骨折、不全骨折或内 1/3 移位不大的骨折，用三角巾或颈腕吊带悬吊患肢 1 ~ 2 周，疼痛消失后开始功能锻炼；复位：固定有移位的骨折，手法复位，“8”字形石膏固定 4 ~ 5 周。如患肢有麻木、疼痛、肿胀、苍白症状，应随时复查，将固定的石膏做必要的修整。

2．肱骨外科颈骨折

（1）发生原因。此种骨折最为常见的就是无移位肱骨外科颈骨折和外展型骨折。造成无移位肱骨外科颈骨折的原因主要是直接暴力较小，使其产生裂缝骨折。跌倒时，上肢伸直外展，手掌触地，两骨折断端嵌入而无移位产生无移位嵌入骨折。造成外展骨折的主要原因是由于间接暴力造成骨折。跌倒时上肢外展，手掌触地在肱骨外科颈处发生骨折。骨折近端内收，骨折远端外展，外侧骨皮质嵌插于近侧断端内侧，形成向内、向前成角移位，或者两骨折段断端重叠移位。骨折远端移位在骨折近端内侧，形成向前、向内成角畸形。

（2）处理。无移位骨折、单纯裂缝骨折或嵌插无移位骨折无须固定，三角巾悬吊患侧上肢 3 周；外展型骨折、移位明显的肱骨外科颈骨折在局麻下行手法整复，超肩关节夹板固定。病人坐位，助手沿外展方向牵引，肩部有反牵引。术者两拇指抓住骨折近端外侧，其余四指环抱骨折远端内侧，待重叠完全矫正后采取牵拉，端挤手法，助手将病人肘关节内收。如果有向前成角畸形，可用前屈上举过顶法矫正。复位后用 4 块夹板超关节固定，或用石膏固定于贴胸位 3 周，固定后强调早期功能锻炼。

3．肱骨髁部骨折

（1）发生原因。肱骨髁部骨折为关节内骨折，这种骨折大多由外伤所致。主要包括肱骨下端骨骺分离、外髁骨折、内髁骨折、内上髁骨折、肱骨小头骨折、髁间骨折等。

（2）处理。无移位的肱骨髁部骨折，可用夹板或石膏托固定 2～3 周。有移位骨折需手法复位，屈肘 90° 夹板或石膏固定，三角巾悬吊 3～4 周。手法复位不成功或开放性骨折者则行切开复位术，用骨栓或钢板螺钉内固定。

（五）关节、韧带损伤

1．指间关节扭伤

（1）发生原因。由于手指受到侧向的外力冲击或手指受到暴力作用使关节过伸所致，如篮球和排球等运动中常因为手指受到球的撞击，或因接球技术动作的错误而发生掌指（间）关节的扭伤，引起侧副韧带和关节囊的扭伤或撕裂。一般多发生在第一掌指关节和其他各指的近侧指间关节，有时伴有撕脱性骨折。

（2）处理。急性扭伤后应立即冷敷，然后局部外敷新伤药并固定，若指间关节韧带断裂，应将伤指屈曲位固定 3 周。有时也可用粘膏支持带将伤指与患侧邻近的健指做环形的固定，但拇指、小指尺侧和食指桡侧韧带断裂时必须用夹板固定。如果指间关节韧带断裂后侧向运动比较明显或撕脱骨片嵌入关节时，应手术治疗。

2．肘关节内侧软组织损伤

（1）发生原因。任何使手腕屈肌群及前臂旋前圆肌突然猛烈收缩与过度牵扯，或肘关节突然外展或过伸，都可引起内侧屈肌及旋前圆肌或内侧副韧带和关节囊的损伤。

（2）处理。急性损伤时，局部立即用氯乙烷或冰袋进行冷敷，然后加压包扎，并于屈肘 90° 使用三角巾悬吊固定。伤后 24 小时，可外敷新伤药、理疗或进行痛点注射等。

肘部急性损伤后运用按摩治疗必须十分慎重，局部被动暴力活动不宜采用，因为肘关节附近的损伤，常可并发外伤性骨化性肌炎，所以应注意预防。

3．肩关节损伤

（1）发生原因。主要由于肩关节的反复旋转或超常范围的活动，引起了肩轴肌腱和肩峰下滑囊受到肱骨头与肩峰或喙肩韧带的挤压、摩擦和牵扯所致。

（2）处理。对于急性损伤，如肩部骨折，可能出现疼痛、肿胀、淤青和关节活动受限等症状。处理方法主要包括：休息，避免肩部活动，以免加重伤情；冷敷，在伤后 48 小时内进行冷敷，有助于减轻肿胀和疼痛；压迫，用绷带或纱布对受伤部位进行压迫，以减少内出血和肿胀；抬高，将受伤的胳膊抬高，有助于血液回流，减轻肿胀；药物治疗，根据医生建议口服或外用药物，如布洛芬等消炎止痛药。

4．膝关节胫侧副韧带损伤

（1）发生原因。直接或间接外翻位暴力为常见损伤原因。如在足球、橄榄球运动中，膝关节屈曲位小腿突然外展外旋，足及小腿固定大腿突然内收内旋或外力直接作用于膝外侧产生很大的外翻力导致股骨内旋等，均容易导致膝关节外翻位损伤。轻度外翻位暴力常导致胫侧副韧带浅层损伤，可发生股骨内上髁内侧副韧带止点撕脱骨折或胫骨内髁处韧带撕脱；严重外翻暴力可导致内侧副韧带深层、前交叉韧带及半月板损伤，称为“三联伤”。少数导致胫骨外侧平台骨折，甚至半腱肌及缝匠肌断裂或撕脱骨折。青少年运动员可致股骨骨骺处发生骨折。通常将内侧副韧带损伤分为部分损伤、完全损伤及联合损伤（合并半月板或前交叉韧带）。

（2）处理。损伤早期主要防止损伤加重、固定、止痛。局部立即给予氯乙烷麻醉、降温或冷敷，松软敷料及弹性绷带加压包扎止血固定，抬高患肢，减轻肿胀。3 天后局部热敷或应用中药外敷，并进行股四头肌训练。3 周内在局部支持带或支具辅助下扶拐杖行走。6 周后去除支具或拐杖膝关节屈伸活动，渐进性抗阻锻炼。3 个月后恢复日常活动。如患膝疼痛、肿胀明显，外翻应力试验阳性，X 线片有骨折，原则上需手术修复。手术修复断裂的韧带止点或缝合撕裂的内侧副韧带，术后康复训练。合并内侧半月板及前交叉韧带损伤者，也需手术修复。

5. 踝关节扭伤

（1）发生原因。踝关节扭伤是体育锻炼中常见的一种关节韧带损伤。多发生在球类、田径跑跳类、滑冰等项目。常因跳起后落地姿势不正确，或落地时地面不平而导致踝关节内翻或者外翻。

（2）处理。发生踝关节扭伤后应立即用冷水冲洗或冷敷（放上清洁的凉毛巾或冰块），用绷带固定包扎，并抬高患肢。24 小时内不得按摩、热敷等。24 小时后根据伤情进行外敷药、理疗、按摩等治疗。

6. 跟腱断裂

（1）发生原因。跟腱断裂大多是由于激烈训练、比赛时强烈急停、变向，跟腱韧带劳累过度造成的。

（2）处理。发生跟腱损伤，应快速用冷水、冰块冷敷，固定踝关节，抬高患肢，送医院处理。

（六）关节脱位

1. 肩关节脱位

（1）发生原因。在肩关节脱位中，肩关节的前脱位最为常见，约占肩关节脱位的 95%。造成肩关节脱位的主要原因来自间接外力。患者向一侧摔倒，手掌着地，肱骨干呈高度外展外旋位，由于掌传达至肱骨头的外力可冲破关节囊的前壁，向前脱出至喙突下空隙，形成喙突下脱位，较多见。如外力继续作用，肱骨头可被推至锁骨下部，称为锁骨下脱位，较为少见。

还有一种是由于杠杆作用的外力，当上肢过度外展、外旋、后伸，肱骨头受肩峰阻挡形成杠杆支点，使肱骨头向下部滑脱以致冲破关节囊下壁而脱至肩胛盂下方，形成盂下脱位。极个别情况，暴力强大，肱骨头冲破肋间进入胸腔，形成胸腔内脱位，极罕见。

（2）处理。使患者处于仰卧位，处理人员站于患肢一侧，双手握住腕部，将一足跟置于患者腋窝部（右侧脱位用右足，左侧脱位用左足），使在牵引过程中起向外推动肱骨头的杠杆作用，双手沿上肢纵轴向下牵引，足跟向上蹬住腋部，同时旋转和内收上臂，肱骨头即可复位。在复位后，将患者的上臂置于内收、内旋、屈肘 60º 位，用颈腕吊带或绷带悬吊或固定患肢于胸前，2～3 周去除固定，肩关节各方向活动以防止粘连。

2．肩关节后脱位

（1）发生原因。通常引起肩关节脱位的原因主要是间接外力的作用。例如摔倒时上肢外展位，上臂内旋、内收、前屈位着地时撕裂关节囊后壁，传导外力使肱骨头向后方脱位。

（2）处理。肱骨头向后方脱位，大多数闭合复位可获得成功。沿肱骨轴线纵向牵引，同时内旋上臂，使肱骨头与肩胛盂后缘解脱，此时术者以一手自后方向前推挤肱骨头，同时再外旋上臂肱骨头可复位。复位后患肢包扎固定胸前。

3．肩锁关节脱位

（1）发生原因。导致肩锁关节脱位的主要原因是直接外力的作用，肩关节处于外展、内旋位外力打击于肩的顶部；或摔倒时上臂内收，肩部着地，均可引起肩锁关节脱位。根据损伤程度可以将它分为轻度扭伤、中度损伤和重度损伤。

（2）处理。轻度扭伤可用三角巾或吊带悬吊 3～5 天。中度损伤一般采用非手术疗法。目前常用的治疗方法是在锁骨外端与肘下方各放置一块保护垫，用胶布条固定方法控制使锁骨外端向下，上臂向上，固定 3～4 周。2 个月内避免提重物或剧烈运动。对重度损伤的治疗一般主张对完全脱位的损伤应采用手术治疗，但也有很多学者主张非手术治疗。固定期间定期复查复位情况，及时调整对锁骨外端的压力。外固定须维持 4～6 周，去除固定后逐渐加强肩关节功能锻炼，8～10 周后允许肩关节做充分的活动。对于活动量较大的年轻患者，不能忍受长时间外固定治疗而又要求恢复正常外形者，可进行手术治疗。

4. 肘关节后脱位

（1）发生原因。肘关节后脱位通常是由于摔倒，手撑的外力沿前臂传导到肘部而造成的。主要是由于滑车关节面向外倾斜，使沿前臂纵轴传达的外力转变为旋后与外翻应力。此种效应类似机械上的凸轮作用，加上尺骨鹰嘴在鹰嘴窝内又起到杠杆作用，故尺桡骨同时被推向后外，从而造成典型的肘关节后脱位，此时前关节囊及肱前肌撕裂，后关节囊可能有剥离或撕裂，内侧副韧带可不同程度损伤。

（2）处理。闭合复位以右肘为例，助手在前臂及上臂做牵引及反牵引，术者从肘后用双手握住肘关节，先纠正侧方移位，双拇指向前下方推压尺骨鹰嘴，在牵引下即可复位。用后长臂石膏托在功能位制动 3 周后逐渐开始练习肘关节屈伸活动。

5. 髋关节脱位

（1）发生原因。髋关节本身具有的髋臼深、韧带坚强、肌肉肥厚的解剖学特点，使该关节较为稳定，脱位通常是由于较为强力的外部暴力作用而造成的，多发生于青壮年。

脱位分为前、后脱位和中心脱位三种类型，以后脱位为最常见。后脱位是由于髋关节在屈曲、内收时，受到来自股骨长轴方向的暴力，使韧带撕裂，股骨头向后突破关节囊而造成的。

（2）处理。患者仰卧，复位时处理者先将患侧髋和膝关节屈至 90°，使髋股韧带和膝屈肌松弛，然后一手握住小腿向下压，另一前臂套住膝后部向上牵拉，使股骨头向前移位接近关节囊后壁破口，同时向内外旋转股骨干，使股骨头滑入髋臼，助手可同时将股骨头向髋臼推挤复位。复位时常可听到或感到不明显响声。此法主要针对新鲜脱位的治疗，运用起来也较为安全。

6. 膝关节脱位

（1）发生原因。膝关节脱位大多为强大暴力的作用而发生的，各个方向的暴力均可造成，作用于胫骨上端或股骨下端，同时使小腿旋转，因此脱位由于暴力方向不同，可有前脱位、后脱位或侧方脱位，以前脱位较多见。脱位后侧副韧带、交叉韧带和髌韧带均可损伤，并可能合并骨折、神经血管的损伤，使下肢麻痹，感觉运动丧失，肢体缺血造成坏死。

（2）处理。通常单纯的膝关节脱位很容易复位，只需通过牵引法便可，复位后膝在屈曲 10º ~ 15º 功能位固定 4 ~ 6 周，去除石膏，进行功能锻炼。有时在复位后 3 ~ 5 天行关节腔积血抽吸，在固定期间练习股四头肌收缩以防止肌萎缩，1 个月后打着石膏行走加强功能锻炼。

7. 髌骨劳损

（1）发生原因。髌骨劳损多由跑跳过多、膝关节长期负担过度或反复微细损伤的积累造成，也可由局部遭受一次撞击和牵扯所致。

尤其是膝关节处于半蹲位置时，韧带松弛，髌骨的腱膜和髌韧带所受的牵拉张力及髌骨、股骨相应关节面间所承受的挤压力都较大，若半蹲位时起跳“发力”或屈伸扭转，作用力超过了组织的生理负荷，就影响局部代谢，导致细胞变性和坏死，从而引起腱纤维出血、变性、增生等一系列病理改变。

（2）处理。采用直抬腿法、髌骨抽动法、登台阶法、高位静力半蹲法等，都可收到一定的治疗效果。另外，也可采用理疗、中药外敷、针灸、中药渗透或直流电导入、按摩等措施。长期保守治疗无效，症状加重的髌骨软骨患病者，应手术治疗。

8. 滑囊炎

（1）发生原因。凡摩擦频繁、压力较大的部位几乎都有滑囊存在，其主要作用是减少摩擦力。滑囊炎是局部运动量过大而引起的一种不适应性炎症反应，有疼痛和压痛感，多发生于手腕、掌指关节、脚踝后部、肩前部等部位，是体育运动中常见的一种劳损性伤病。

（2）处理。抽吸出滑液，注射醋酸泼尼松类药物于滑囊内，并加压包扎即可，疗效较好，但易复发。非手术治疗无效且影响训练或日常生活者，考虑手术切除病变滑囊。

9. 腱鞘炎

（1）发生原因。产生腱鞘炎的原因是肌腱与腱鞘长期、快速、用力摩擦，使两者都发生损伤而水肿，同时发生腱鞘炎和肌腱炎；炎症发生时，鞘管相对狭窄，压迫其中的肌腱，反复发作的水肿则会引起腱鞘和肌腱增生。鞘管本来就很小，增生的腱鞘会压迫肌腱，使肌腱水肿、增生，呈葫芦状肿大，阻碍肌腱的滑动，运动时会有弹响或闭锁发生。

（2）处理。腱鞘炎发病早期应注意患肢休息、局部制动、理疗，直到症状完全消失。上述治疗无效时，可用甾体抗炎药（如曲安奈德）局部封闭，以减轻局部炎症反应。局部封闭注射每周 1 次，3 ~ 4 次为 1 个疗程，同时配合理疗。症状完全消失后可逐渐开始恢复训练，但要注意正确的训练方法，避免致病因素。病情严重者，终日疼痛或闭锁不能解除时，须手术切开狭窄的腱鞘。

10．网球肘

（1）发生原因。网球肘是肱骨外上髁处的常见慢性损伤性炎症，主要病变是伸肌总腱的慢性炎症，以往常见于网球运动员，故名“网球肘”，现这种损伤也多见于乒乓球运动员。一般而言，在前臂过度旋前或旋后位，被动牵拉伸肌（握拳、屈腕）和主动收缩伸肌（伸腕）将对肱骨外上髁处的伸肌总腱起点产生较大张力，如长期重复这种动作即引起该处的慢性损伤。

因此，凡需反复用力活动腕部的职业和生活动作均可导致这种损伤，如网球运动员，由于“反拍”“下旋”回击急球时，球的冲力作用于伸腕肌或被动牵拉该肌造成损伤。

（2）处理。早期可采取保守治疗，即限制肘关节的活动，尤其是伸腕握拳的动作。使用限制性绷带支具可起到一定的作用。中药烫洗或中医按摩、推拿也可治疗早期的外伤髁炎症。

中晚期症状持续加重，一般保守治疗效果不理想的，可以采用泼尼松龙 0.5 毫升加 1%利多卡因 1 毫升痛点封闭的方法，多能取得较好的效果。治疗后的功能康复和生活、训练姿势和强度的调控也十分重要。对保守治疗无效果的，可以手术治疗。

11．腰部肌肉筋膜炎

（1）发生原因。腰肌筋膜炎，即腰肌劳损，其病理改变是多种多样的，包括神经、筋膜、肌肉、血管、脂肪及肌腱的附着区等不同组织的变化。通常多为急性扭伤腰部后，治疗不彻底即参加运动，逐渐劳损所致。另外，锻炼中出汗受凉也是重要成因之一。

（2）处理。可采用理疗、按摩、针灸、封闭、口服药物、用保护带及加强背肌练习等非手术治疗手段。对顽固病例可手术治疗。

二、运动性疾病的产生与处理

（一）延迟性肌肉酸痛

在从事一定量的运动训练后，运动员常会出现延迟性肌肉酸痛的现象，主要症状为肌肉僵硬、酸痛和自觉酸痛部位肿胀，有压痛，多发生于双下肢主要伸、屈肌群，而肌肉远端和肌肉——肌腱移行处常常症状较重，严重者肌肉全长发生疼痛，且以肌腹为主。24～48 小时之内，酸痛达到高峰，之后可自行缓解，5～7 天消失。

（1）发生原因。运动时肌肉活动量过大，导致局部肌纤维及结缔组织的细微损伤，以及部分肌纤维的痉挛所致。这种酸痛不是发生在运动结束后的即刻，而是发生在运动结束后的 1～2 天，因此称为延迟性疼痛。由于这种酸痛现象只是局部肌纤维的细微损伤和痉挛，不影响整块肌肉的运动功能，因此，酸痛后经过肌肉内部对细微损伤的修复，肌肉组织会变得更加强壮，以后同样负荷将不易再发生酸痛。

（2）处理。对发生此症状的部位进行一定时间的热敷或按摩，并配合做一些伸展练习，也可口服维生素 C 以缓解症状。

（二）运动性低血糖

长时间的运动后，人体内的肝糖原储备不足，如果没有及时地补充糖的消耗就会造成运动性低血糖。发生运动性低血糖后，轻者会出现饥饿感、出汗、心跳加快、头晕、面色苍白等症状，严重者则会发生昏迷甚至休克。

（1）发生原因。长时间的剧烈运动后，肌肉不断地收缩，消耗大量的能量，使血糖的储备下降，因此血糖浓度下降；运动前饥饿，未吃食物，体内肝糖储备不足，不能及时补充血糖的消耗，使血糖浓度下降；代谢功能紊乱，引起胰岛素分泌不足，抑制了肝糖原分解，出现严重的低血糖症；器质性病变均会使肝功能下降，使肝糖原储备减少，如肝炎、肝癌、胰脏肿瘤等。

（2）处理。应先让患者平卧，保暖休息，神志清醒的可饮水及吃少量食物，一般短时间即可恢复，也可静脉注射 50%的葡萄糖 40～100 毫升；对神志不清的，先掐点人中、百会、合谷、涌泉等穴，需要时可皮下注射 1/1000 肾上腺素 0.5～1.0 毫升，待患者神志清醒后再处理或由医生来处理。

（三）运动性贫血

血液中红细胞数与血红蛋白数低于正常值，称为贫血。因运动引起的这种血红蛋白量减少，就叫作运动性贫血。

（1）发生原因。运动时肌肉对蛋白质和铁的需要量大量增加，却得不到满足。剧烈运动时血流加速使红细胞破裂，进而致使红细胞的新生与衰亡之间的平衡遭到破坏，从而导致运动性贫血。运动性贫血发病缓慢，其症状主要有头晕、恶心、心悸、心率加快、脸色苍白、呕吐、气喘、体力下降等。

（2）处理。发生运动性贫血时，应适当减少运动量，必要时暂停运动，并补充富含蛋白质和铁的食物。口服硫酸亚铁对治疗运动性贫血具有良好的效果。

（四）运动性晕厥

运动性晕厥是指在运动中，由于脑部血液供给不足而发生的暂时性知觉丧失现象，其症状为全身无力、头晕耳鸣、眼前发黑、面色苍白、失去知觉、突然晕倒、手足发凉、脉搏慢而弱、血压降低、呼吸缓慢等。

（1）发生原因。由于剧烈运动或长时间运动，使大量血液积聚在下肢，回心血量减少所致，也和剧烈运动后引起的低血糖有关。

（2）处理。发生晕厥时，应迅速使患者平卧，足略高于头部，并由小腿向心脏方向进行按摩或拍击。同时用手指点压人中、合谷等穴位，必要时给氨水闻嗅。如有呕吐，应将患者头偏向一侧。如停止呼吸，应马上进行人工呼吸。轻度休克者，应由同伴搀扶慢慢走一段时间，帮助进行深呼吸。

（五）运动中腹痛

运动中腹痛是指运动员在训练和比赛中，由于生理和病理原因而发生的腹部疼痛，常见的有肝脾瘀血、胃肠痉挛和膈肌痉挛导致的腹痛。

（1）发生原因。缺乏训练或训练水平较低，准备活动不充分，过度紧张，空腹运动，以及饭后过早地参加运动，运动前吃得过饱、过多，或吃了较难消化的食物使胃肠充盈、饱满，都可能引起胃肠痉挛，以致腹痛。由胃肠道痉挛或功能紊乱而引起的腹痛，性质可以是钝痛、胀痛甚至绞痛，部位一般在肚脐周围。

另外，运动中腹痛的程度与运动负荷的大小成正比：强度小，较慢速度运动时，疼痛不明显；随着运动负荷的加大，疼痛逐渐加剧。

（2）处理。对运动时出现腹痛的运动员要慎重对待。首先要了解腹痛的性质、部位，根据腹痛的部位与运动负荷的关系，来判断是由疾病引起的，还是与运动有关的生理原因引起的，做到有的放矢。出现腹痛时应立即降低负荷强度，适当减慢速度，调整呼吸和动作节奏，再用手按压疼痛部位，如果无效或疼痛反而加重，应立即停止运动，请医生诊治。

（六）肌肉痉挛

肌肉痉挛是指肌肉发生不自主的收缩反应。肌肉痉挛多发生于小腿腓肠肌和大腿后群肌。其症状为肌肉僵硬，剧烈疼痛、肿胀，肌肉的运动能力和柔韧性降低，肌肉痉挛所涉及的关节功能也会发生一定的障碍。

（1）发生原因。长时间或大强度的运动训练，会引起肌肉结构的损伤，肌肉的血液循环和能量物质代谢发生改变，肌肉中大量的乳酸和代谢废物堆积，肌肉收缩与放松不能协调地交替进行，从而引起肌肉痉挛。

运动中大量排汗，特别是在高温条件下长时间的剧烈运动，使电解质从汗液中大量丢失，肌肉的兴奋性增高，发生肌肉痉挛。其他因素，如肌肉受到寒冷刺激，兴奋性会增强，易发生强直性收缩；肌肉突然受到外力的猛烈打击，也会产生强烈收缩而引起痉挛。

（2）处理。一般肌肉痉挛只要向相反的方向牵引痉挛的肌肉，即可缓解或消失。牵引时用力宜缓慢、均匀，切忌用暴力，以免拉伤肌肉。大腿后群肌肉、小腿腓肠肌痉挛，可尽力伸直膝关节，用力将踝关节充分背伸，尽可能拉长痉挛的肌肉。缓解后，配合局部按压、揉捏、点掐、针刺有关穴位等，效果会更好。

（七）运动性中暑

由于人体运动时产生的热超过了身体的散热能力而发生的高热状态，称为运动性中暑。在炎热的夏季进行训练和比赛较易出现此种现象。运动性中暑可分为热射病、日射症、热痉挛和循环衰竭四种类型。

（1）发生原因。①热射病：热射病是发生在高热环境中的一种急性病。运动时，体内产热较多，如果天气温度和湿度较高，且空气不流通，散热就会受到影响，热量在体内大量积累，会造成体温大大升高，水、盐代谢出现紊乱，严重影响体内的生理机能以及中枢神经系统的机能活动。②日射症：由于阳光直接照射头部而引起的肌体强烈反应。③热痉挛：运动中肌体大量排汗，失水失盐过多以致电解质平衡紊乱，发生肌肉疼痛和痉挛。④循环衰竭：由于运动时肌体失水过多，使血容量减少，如果心脏功能和血管舒张调节不能适应，可导致周围循环衰竭而发生中暑。

（2）处理。出现中暑症状后，迅速将患者移到凉爽、通风的地方，平卧休息，头部稍垫高，松解衣服，全身扇风，头部冷敷，用温水或酒精擦身，服饮盐开水或清凉饮料，必要时服解热药物。肌肉痉挛者主要是牵引痉挛的肌肉，补充盐和水；头痛剧烈者，针刺或点太阳穴、风池、合谷、足三里等穴。如有昏迷，可刺激人中急救，对四肢进行重推摩和揉捏，必要时一面急救，一面迅速送医院治疗。

第五章　体育生理学视角下的身体素质训练

运动的基本素质包括力量素质、速度素质、耐力素质、柔韧素质、灵敏素质等，人的基本运动能力以及运动潜能与这些基本素质有着密切的关系。

运动素质的强弱与人的生理特点有着密切的关系，只有充分认识到生理特点与运动素质之间的关系，才能够有针对性地对运动素质进行提升与训练。这里我们将对人的力量、速度、耐力、柔韧以及灵敏素质进行充分的分析与解剖，从生理技能方面对这些运动素质进行全面的认识。

第一节　力量素质的影响要素与训练

一、力量素质及力量素质训练的意义

（一）力量素质的概念

人体在任何运动中都离不开肌肉的收缩力量，它会维持人体的基础生活能力。力量在人体中可以分为内力和外力，内力是人体神经肌肉系统活动时对抗和克服外力的能力。外力是因外阻力而引起的力，比如克服重力、摩擦力等。

力量是身体素质的一种。所谓的力量素质就是人体获得身体某部分肌肉在工作时克服阻力的能力。在人体参加运动时，所指的力量素质是肌肉力量，即肌体完成动作时肌肉收缩对抗阻力的能力。力量素质主要是通过肌肉的工作形式表现出来的，如肌肉在工作时要克服的阻力有内部阻力和外部阻力。外部阻力包括摩擦力、物体重量、空气阻力等。内部阻力是指肌肉间的对抗力、肌肉的黏滞性等。决定肌肉力量大小的因素主要有以下三种：①完成动作时肌肉群收缩的合力；②肌肉群收缩的协调能力；③骨杠杆的机械率。

从上述内容中可看出，力量源于肌肉。正常成年男女的肌肉占体重百分比：男性约为 43.5%，女性约为 35%。而经常参加力量性运动项目的男

子百分比可达 45%以上。力量是提高运动能力的基础，力量素质则是衡量运动训练水平的重要指标之一。

（二）力量素质训练的意义

力量素质对参加运动项目和从事各种活动有很大的影响，是人体运动的基本素质，也是衡量一个人运动训练水平的重要指标之一，它的意义主要有以下几个方面。

1．力量素质是运动的基础

我们所参加的各种运动项目都是通过主动器官带动被动器官工作来完成的。主动运动器官主要以肌肉为主，被动器官主要是骨骼，通过各种负荷强度、收缩速度、持续时间的不同以带动骨骼进行移动，从而完成运动动作。如果没有肌肉的收缩和舒张产生的力量牵拉骨骼进行运动，则连起码的行走和直立也不可能，更不要说完成运动技术动作了。人要想跳得高就必须要发展自己的弹跳素质，要想跑得快就必须有很好的脚步后蹬力，因此力量素质是人体最基本的体育素质。

2．力量素质促进其他素质的发展

任何身体素质都是通过肌肉的不同工作方式来体现的，力量是所有素质的基础。力量素质对速度素质的提高、耐力素质的增长、柔韧素质的发挥和灵敏素质的表现起到决定性的作用。关于耐力素质，从生活常识中可以得知，一个强有力的人总比体弱者能持续活动更长的时间。力量、速度得到提高时，肌肉的弹性会相应增加，从而促进灵敏素质和柔韧素质的发展。

3．力量素质的水平直接影响运动水平

力量素质的增长对于运动水平的提高有着直接的影响，它直接反映了运动技术掌握的快慢及运动成绩提高的程度。一些运动项目中的高难度动作都是以一定的肌肉力量为基础的。在很多运动项目的中，力量和爆发力是决定运动成绩的重要因素，如田径运动等。

除长距离跑的主要因素为耐力外，其他运动项目的高水平运动成绩都与力量素质的发挥紧密相关，尤其在投掷项目中更是如此。

4．力量素质是衡量运动训练水平的重要指标

在运动训练实践过程中，力量素质被作为判断运动训练水平的一项重

要指标，也可以通过运动人员的力量素质判断其运动潜力，同时还可作为运动选材的依据之一。例如，在对体操运动员进行运动训练水平判断和选拔时，其在完成各种动作技术的过程中，虽然要借助外力的作用，但是其自身协调用力也占有非常重要的一部分。

因此，对力量素质的发展必须给予足够的重视，尤其是速度力量，往往成为选拔运动员选手的重要指标。另外，在进行一些球类运动时，突然的起跑、跳跃、传球等都要求运动员具备良好的爆发性力量。因此，在选拔篮球队员判断运动训练水平时，力量素质的测评占非常重要的比例。

二、力量素质的分类

对于所有的竞技运动项目来说，力量素质在五大素质中都占据着非常重要的地位，对运动成绩的取得起着至关重要的作用。力量素质的水平决定着速度力量与力量耐力素质。一般来说，力量素质主要分为最大力量、速度力量与力量耐力三种类型。

（一）最大力量

最大力量，是指肌肉在随意一次性最大限度收缩中，神经肌肉系统所能够产生的最大的力。在竞技运动项目训练中，最大力量往往表现为可能克服和排除的外阻力的大小。

运动员参与竞技运动训练，其最大力量并不是一成不变的，而是常常处于动态变化中，这就要求运动员不断发掘自身能力的极限，充分发挥自己的最大力量，以保证力量训练的效果。

在通常情况下，最大力量训练多运用于投掷、举重、摔跤、体操和柔道等竞技体育项目。力量型运动项目的运动员常常采用增大肌肉体积，发展肌肉内和肌肉间的协调性的方法，以达到提高最大力量的目的。

（二）速度力量

速度力量，是指神经肌肉系统以最快的速度发挥最大力量的能力。也可以说，是在最短的时间内最大用力的能力。速度力量对所有需要“爆发性”用力运动项目的成绩起着非常重要的作用，如短跑、跳远等项目。研究发现，当运动员发挥速度力量时间小于 150 毫秒时，爆发力和起动力起主要作用，而当运动员发挥速度力量时间超过 150 毫秒时，最大力量则起作用。

速度力量通常是以速度和加速度的形式表现出来的。在田径、举重、柔道、摔跤、短程游泳、球类、体操、对抗类项目、室内自行车和短程速滑等竞技运动项目中，速度力量都扮演着重要的角色，发挥着重要的作用。

一般来说，速度力量主要有爆发力、弹跳力和起动力三种特殊的表现形式，主要内容如下。

1．爆发力

爆发力，是指神经肌肉系统以最短的时间产生最大加速度所爆发出的最大的肌肉力量的能力，它可以在 150 毫秒之内达到最大力值。爆发力通常用力的梯度和冲量来表示。

爆发力是利用肌肉弹性能的一种力量，即在爆发力之前的一瞬间有一个极短暂的肌肉预拉长瞬间产生弹性能（约为原肌肉长度的 5%），迅速向相反方向用力收缩的动作过程，如田径运动中的掷标枪项目，运动员在助跑投掷前展现出的满弓状就同爆发力有着密切的关系。在众多的以速度力量为主的运动项目中，爆发力对运动成绩起着至关重要的作用。

2．弹跳力

弹跳力，是指神经肌肉系统在触地前瞬间被拉长，后再自动（触地）转化为缩短，以很高的加速度朝着相反方向运动使身体产生跃起的能力。与爆发力相比，弹跳力有一个触地的动作过程。大量的研究证明，肌肉拉伸速度越快，肌肉动作的转换就越快，而起跳的高度也就越高。

3．起动力

起动力，是指神经肌肉系统在极短的时间内发展尽量高的力量的能力，即用力开始后约 50 毫秒就能达到较高力值的能力。在速度力量中，起动力是收缩时间最短的力，是在必须对信号做出迅速反应的运动项目上所表现出的一种力量能力。

（三）力量耐力

力量耐力，是指运动员肌体耐受疲劳的能力，其以持续表现力的较高能力为特征，如竞技运动中的现代五项、铁人三项、中长跑、划艇、公路自行车以及足球等项目，均需要长时间抗疲劳的能力。

三、力量素质的影响要素

（一）人体的生长发育

1. 性别

人体的生长发育受性别因素的影响较大，其对力量的发展也具有十分重要的影响。通常男性力量大于女性，这是因为男性肌肉体积往往更大。所以通常情况下女子力量的增长和肌肉体积的增大在力量训练的影响下都较男子慢。

2. 年龄

在人体生长发育中，年龄对人体的肌肉力量也具有显著影响。在10周岁以前男女随着生长发育，力量都在缓慢且平稳地增长着，没有明显的区别。男女最大力量的差异在11岁时渐渐体现出来，男性增长较快，女性则相对缓慢。青春期后女性力量虽依旧在增长，但增长速度很慢。男性力量的巅峰期在25岁左右，而女性在20岁左右，过了这一时期，力量逐渐消减。

3. 身高和体重

身高和体重因素也对力量素质有着显著的影响。一般情况下，体重重的人往往力量大，体重轻的人则力量小些。最大力量会伴随着体重的增长而增长。而身高和力量则并没有绝对的必然联系。如果一个人高大且强壮，那么他的力量也会相对较强。如果一个人高大却很纤弱，那么其最大力量未必很强。

4. 体型

体型直接关系到力量的大小。调查结果显示粗壮型体格的人往往肌肉发达，所以力量较大；体形匀称的人由于比较均衡，所以有着很好的速度力量素质；体形细长的人由于其肌肉含量少，所以力量较小；肥胖型虽然看似最大力量较好，但从相对力量的角度来看，其力量水平就高了。

5. 脂肪

脂肪也在一定程度上影响着人的力量素质。肌肉中有一定量的脂肪，这些脂肪在肌肉运动中不参与收缩，同时还会产生摩擦，降低肌肉传导力量的效率。因此，减少脂肪含量能够使力量获得提升。

6．睾丸酮激素

睾丸酮激素的水平对力量的影响非常大。睾丸酮激素水平高，其力量也比较大。

（二）肌肉的结构和特性

1．肌纤维的类型

骨骼肌纤维按不同的收缩特性可分为快肌和慢肌两类。快肌产生的收缩力要大于慢肌。因此，在其他条件不变的情况下，肌体骨骼肌中快肌纤维百分比越高的人，他的肌肉收缩力量越大。一般情况下，人体肌肉的快肌纤维与慢肌纤维的百分比构成大致相等。肌纤维主要分为白肌纤维（快肌纤维）和红肌纤维（慢肌纤维）两种类型。白肌纤维的无氧代谢能力较大，支配其运动的神经元传导速度快，能使人快速完成肌肉收缩，适合进行短距离、高强度的运动项目。红肌纤维的有氧代谢能力较强，其肌红蛋白含量、线粒体大小和数量以及有氧氧化酶系统活性均大于白肌纤维，使人能够维持长时间工作不易疲劳。对于强度小、工作时间长的耐力性运动项目，红肌纤维更为合适。

2．肌肉的生理横断面

肌肉的生理横断面是指垂直横切某块肌肉中所有肌纤维获得的横断面积。这个概念不仅仅可以用来描述肌肉的发达程度，还可以用来衡量肌肉力量的大小。肌肉是由许多肌纤维组成的，每根肌纤维都包含着大量的肌凝蛋白，这些肌凝蛋白是肌肉力量的主要来源。如果肌肉的生理横断面越大，那么说明该肌肉中包含的肌纤维数量越多，而这些肌纤维中的肌凝蛋白也就越多。因此，当肌肉收缩时，就可以产生更大的力量。如果肌肉的生理横断面越小，说明该肌肉中包含的肌纤维数量越少，而这些肌纤维中的肌凝蛋白也就越少。因此，当肌肉收缩时，产生的力量就会比较小。

肌肉的生理横断面是衡量肌肉力量大小的重要指标之一，同时也是评估一个人训练效果的重要依据之一。通过了解自己的肌肉生理横断面情况并进行针对性的训练，可以帮助人们更好地提高自己的身体素质和健康水平。

3．肌纤维的支撑附着面

肌肉内结缔组织增多、肌腱与韧带组织增粗都会改变肌肉的附着面大小，对肌肉的收缩力量也会产生很大的影响。

4. 肌肉的初长度

肌肉收缩前的初长度也会影响肌肉力量的大小。因为肌肉拉长时，肌梭将感知肌维长度变化产生冲动，会提高肌纤维回缩力来对抗拉力，当长度拉到一定程度时将引起牵张反射，可提高肌力的发挥效率，所以，在一定范围内，肌肉的初长度长或者肌肉弹性拉长后，肌肉收缩时所产生的张力和缩短的程度就越大。有研究证明，一个人力量的大小取决于肌肉的体积。肌肉体积的发展潜力又主要取决于个人的肌肉长度（指肌肉两头肌腱之间的长度）。肌肉的长度是先天遗传的，后天的训练对其并不产生任何影响。

5. 肌肉的牵拉角度

肌肉收缩牵拉骨骼做功是杠杆运动模型。做功时，杠杆移动，肌肉在不同位置的不同角度上牵拉力量大小不一样。当负重屈肘弯举时，肘关节角度在 115° ~120° 时，肱二头肌张力最大，30° 时张力最小。在运动中，对肌肉的牵拉角度必须要进行认真分析，以方便技术分析、改进技术动作等。

6. 肌肉收缩的形式

肌肉收缩形式不同对肌肉力量的大小及其特点带来的影响也不同。肌肉收缩的形式主要包括动力性离心退让性收缩、动力性向心克制性收缩、等动性收缩、静力性等长收缩等。

动力性离心退让性收缩的特点是，肌肉收缩时，张力增加的同时肌肉的长度也增加。动力性向心克制性收缩是力量素质训练的主要形式，其特点是肌肉工作时，肌肉长度逐渐缩短，肌肉在缩短过程中张力随着关节角度的变化也发生改变。等动性收缩的特点是在整个关节活动范围内肌肉始终以某种张力收缩，而收缩速度始终恒定，它能集等长收缩和等张收缩的优点于一身，使训练者的肌肉在各个关节上的用力均衡，并且都具有足够的刺激。静力性等长收缩的特点是张力发生变化，但其肌肉长度基本不变，在整个动作过程中肢体不会产生明显的位置移动。

（三）中枢神经系统的调节机制

1. 神经中枢对肌肉活动的支持及调节能力

神经中枢对肌肉群起着协调支撑的作用。相关研究证明，肌肉发挥最大力量并不是由于肌肉的收缩，而是取决于合理的神经冲动。因此，肌肉的力量及其发展受中枢神经系统的机能状态的影响。

2．神经过程的频率与强度

神经过程的频率与强度对力量的影响也非常显著。合理的训练能使运动神经过程的频率和强度更高。

四、力量训练的方法

（一）躯干力量训练的基本方法

1．杠铃练习

（1）负重转体。训练方法：身体直立，双膝向前，身体外侧微屈，双脚左右开立约一肩半宽；肩负轻杠铃，微仰头，尽量向身体一侧转体至最大限度，约 180°；再向身体另一侧转体直至最大限度，重复练习。

注意事项：躯干保持挺直，双脚保持固定，以下肢带动骨盆和躯干完成动作。

（2）负重体侧屈。训练方法：身体直立，双脚左右开立约一肩半宽，肩负轻杠铃，微仰头；尽量向身体一侧屈上体，然后向身体另一侧屈上体直至最大限度。

注意事项：只在腰部完成躯干侧向屈伸，膝关节保持伸直。躯干向左屈时呼气，向右屈时吸气。

（3）硬拉。训练方法：身体直立，双脚左右开立约一肩半宽，双手在大腿两侧前方握杠铃，微仰头；身体前屈，使杠铃接触地面，躯干前屈时呼气，上伸时吸气。

注意事项：双臂和膝关节保持伸直，只使用背部肌肉力量。

（4）负重体前屈。训练方法：身体直立，双脚左右开立约一肩半宽，肩负轻杠铃，微仰头；前屈身体直至与地面平行姿势，然后伸背、伸髋恢复直立姿势。

注意事项：背伸直，膝关节保持伸直。躯干前屈时呼气，上伸时吸气。

2．哑铃练习

（1）持哑铃体前屈转体。训练方法：双脚约以 2 倍肩宽间距左右开立，掌心向内持哑铃，另一只手扶在腿上。持哑铃体前屈，使哑铃尽量接触对侧脚尖，然后竖直躯干。

注意事项：只使用躯干挺成体前屈和转体动作，肘、膝关节固定。

（2）持哑铃体侧屈。训练方法：双脚约以肩宽间距左右开立，一只手掌心向内持哑铃，另一只手扶腰。向持哑铃一侧尽量屈体，然后竖直躯干并尽量向反方向屈体。

注意事项：保持背部伸直，只在腰部完成侧屈动作。髋和膝关节固定。

3．其他辅助练习

（1）侧卧腿绕环。训练方法：身体伸展侧卧在斜板上，上侧腿做绕环动作。尽量大幅度完成动作，换腿。

注意事项：膝关节伸直，只用髋部肌群力量完成动作。

（2）背肌转体。训练方法：身体伸展俯卧在运动器械上，腿部固定在肋木上或由同伴帮助固定，上体下屈。双手交叉贴在头后，伸展身体至水平位置，身体左右方向转体。重复练习。

注意事项：膝关节伸直，用背部肌群力量完成动作，如加大难度可以手持重物固定在头后。

（3）侧卧踢腿。训练方法：身体伸展侧卧在斜板上，上侧脚的踝关节固定系在拉力器绳索或橡胶带上。拉力方向靠近身体斜下方，尽量快速向上踢腿，重复练习。

注意事项：膝关节伸直，只用髋部和躯干两侧肌群力量完成动作。

（4）仰卧转髋。训练方法：仰卧在垫子上，双手握在头后固定横杆上，收腹屈膝。快速向身体两侧转髋，使腿贴在垫子上。

注意事项：双脚并拢，贴在垫子上，只用腰部完成动作。

（5）两头起。训练方法：仰卧在垫子上，身体充分伸展，双臂贴在头两侧伸直。用肌群力量快速屈体，使手和脚在空中接触。重复练习。

注意事项：四肢充分伸直，快速完成练习。

（二）上肢力量的训练方法

1．杠铃练习

（1）颈后伸臂。训练方法：身体直立，双手约以肩宽间距反握轻杠铃于头后部。用力伸双臂向上提升杠铃，然后屈臂放下杠铃于原处。重复练习。

注意事项：尽量快速完成动作。动作过程中略微低头。

（2）屈肘。训练方法：身体直立，双手约以肩宽间距反握杠铃于身体前部。用力屈双臂向上提升杠铃，然后伸臂放下杠铃于原处。重复练习。

注意事项：快速完成动作，且在动作过程中身体要保持稳定。

（3）屈腕。训练方法：双手持轻杠铃坐在凳子上，膝部支撑肘部，连续进行手腕屈伸动作。

注意事项：肘关节大约 90° 夹角，只用腕部完成动作。前臂与地面约保持 45° 夹角。

2. 瑞士球和实心球练习

（1）实心球移动俯卧撑。训练方法：俯卧，一手撑在球上，一手和双脚掌撑地，身体呈一条直线。把两只手都放在实心球上，完成俯卧撑，换另一只手撑地。身体左右移动，两只手轮流撑在球上。

注意事项：双手放在实心球两侧，以肘部下降引导身体下降。尽量快速完成练习，全身充分伸展，保持平衡。

（2）侧俯卧屈肘。训练方法：手持一个较重的哑铃，其重力能够使人屈肘时在球上前后移动。躯干侧俯卧于球上，并固定练习臂，充分伸展练习臂后进行屈肘练习。

注意事项：伸展练习臂时人随球滚动前移，需要几秒钟完成伸展动作。身体后移过程中完成屈肘。

（3）压臂固定瑞士球。训练方法：躯干正直坐在长凳上，一侧臂水平外展用手压住球。同伴以 60%～75%的力量向侧面各个方向拍球，练习者尽最大努力防止球运动。

注意事项：球和身体保持稳定。如果加大难度，练习者可以在身体的各个方向伸臂固定瑞士球。

（4）俯卧撑起跪推实心球。训练方法：与同伴相对跪立，约 5 米间距，其中一人双手在胸前持实心球。持球人身体前倒顺势向上方双手推出实心球，推出球后双手撑地。双手迅速推地，将身体恢复跪立姿势，准备接球。

注意事项：两人始终目光接触，协调配合。动作尽量迅速完成。

3. 其他辅助练习

（1）引体向上。训练方法：双手掌心向前，约以肩宽为间距直臂握住单杠。屈肩和肘关节向上拉引身体。

注意事项：由直臂身体悬垂姿势开始，向上拉引身体至下颌接近单杠。尽量用肩、臂力量完成动作。

（2）双杠臂撑起。训练方法：双手掌心向下，约以肩宽为间距直臂在双杠上支撑身体。屈肩和肘关节向下，降低身体高度，然后再撑起身体。

注意事项：由直臂支撑身体姿势开始，向下降低身体使双手接近肩部。尽量用肩、臂力量完成动作。

（3）倒立走。训练方法：呈倒立姿势用双臂向前移动身体。同伴可帮助扶住以保持双腿平衡。

注意事项：在安全的地面或垫子上练习。如果加大难度可以向各个方向转动身体。

（4）爬绳。训练方法：双臂微屈，双手握住绳索，双手依次握住更高位置，拉引身体提升高度。

注意事项：用肩、臂力量完成动作。如果上肢力量不足，可用双脚夹住绳索以增加助力。

第二节　耐力素质的影响要素与训练

一、耐力素质的概念

耐力素质，是指个体克服工作过程中所产生疲劳的能力。它是人体身体素质的重要组成部分之一，是体现个体的健康水平或体质强弱的重要标志。任何一个体育运动项目都需要运动者具备相应的耐力素质。

个体的耐力素质好坏的主要判断标准是其是否能在长时间工作中克服肌体产生的疲劳。因此，在这里运动者必须明确疲劳的概念及其产生的生理机制。运动生理学研究认为，疲劳是运动本身引起的肌体工作能力暂时降低，经过适当时间休息和调整可以恢复的生理现象。按照阶段划分，可以将疲劳分为补偿性疲劳阶段和补偿性失调阶段。补偿性疲劳阶段即尽管完成工作较困难，但个体通过顽强的意志支配可以在一定时间内仍保持前一段工作时的强度。补偿性失调阶段即尽管主观意志想克服体力上已产生的紧张，但工作强度仍然降低。按照特点划分，可将疲劳分为心理的疲劳和生理的疲劳。在运动训练过程中，研究和克服由于身体活动和肌肉活动而引起的体力上的疲劳更加具有意义和价值；在运动实践中，个体体力上的疲劳是训练后的必然结果，可以说没有疲劳就不能称之为训练。疲劳使运动员工作能力下降并限制其肌体工作的时间，又是运动训练必须要克服的障碍。因此，运动者克服疲劳的能力，客观真实地反映了他的耐力水平。

二、耐力素质的分类

按照不同的分类标准，可以将个体的耐力素质分为以下几种。

（一）按氧代谢的特征分类

1. 有氧耐力

有氧耐力是指个体在氧气供应充足的情况下能坚持长时间运动的能力。针对运动者的有氧耐力训练，应重点提高运动员肌体输送氧气的能力，促进其肌体的新陈代谢，为提高其运动负荷奠定良好的基础。

2. 无氧耐力

无氧耐力是指个体在氧气供应不足的情况下能坚持较长时间运动的能力。一般地，无氧耐力又可以分为非乳酸供能无氧耐力和乳酸供能无氧耐力。针对运动者的无氧耐力训练，应重点提高运动员肌体承受氧债的能力。

（二）按肌肉工作的性质分类

1. 静力性耐力

静力性耐力主要是指肌体在较长时间的静力性肌肉工作中克服疲劳的能力。例如，举重运动员在静力预蹲、静力半蹲表现出来的耐力以及体操运动员在十字支撑、慢起手倒立中表现出来的耐力都属于静力性耐力。

2. 动力性耐力

动力性耐力主要是指肌体在动力性肌肉工作中克服疲劳的能力。

（三）按专项活动的关系分类

1. 一般耐力

一般耐力是专项耐力的基础，是指肌体各器官系统机能克服疲劳的综合能力。奥佐林认为，个体的一般性耐力是一种多肌群、多肌体系统长时间工作的能力，良好的一般性耐力有助于运动者完成大负荷训练，在长时间的运动、竞争中更好地克服运动疲劳，并在大强度的训练和激烈的竞赛后更快地恢复。

但因个体的一般耐力是不同形式耐力的综合表现，不同的运动项目对个体的一般耐力素质要求是不同的。

2．专项耐力

专项耐力是指个体为了获取良好的专项成绩而最大限度地调动肌体整体的能力，以克服肌体在较长时间内进行专项负荷所产生的疲劳的能力。一般来说，运动者从事的运动项目不同，其所表现的专项耐力也不同。

（四）按身体活动的部位分类

1．局部耐力

局部耐力主要指肌体的局部身体部位在长时间的身体活动中克服肌体疲劳的能力。运动者的局部耐力取决于其一般耐力素质的发展水平。例如，运动者在长时间内反复进行上肢力量训练，上肢用力部位很快就会出现肌肉酸胀的现象和继续用力工作困难的情况。

2．全身耐力

全身耐力主要指肌体的整个身体机能在训练和竞赛中克服疲劳的综合能力。个体的全身耐力是其综合耐力水平的表现。

（五）按持续时间的长短分类

1．短时间耐力

短时间耐力是指肌体持续时间为 45 秒至 2 分钟的运动项目所要求的耐力。其主要是通过无氧过程提供完成运动所需要的能量。因在运动过程中氧债很高，所以，个体良好的运动成绩的取得与其力量素质和速度素质水平密切相关。

2．中等时间耐力

中等时间耐力是指肌体持续运动时间为 2 ~ 8 分钟所需要的耐力，其强度高于长时间耐力项目。实践证明，在运动过程中，个体对氧的吸收和利用对其运动成绩起决定性作用。

3．长时间耐力

长时间耐力是指个体持续运动时间超过 8 分钟所需要的耐力。运动者在运动过程中，肌体的能量主要由有氧系统供能，需要心血管和呼吸系统高度参与。

（六）按耐力表现形式和用力特征分类

1．心血管耐力

心血管耐力是指有肌体在运动中循环系统保证氧气到达细胞以支持身体的氧化能量过程和运走物质代谢废物的能力。个体的心血管耐力实际上还可以分为有氧耐力和无氧耐力。

2．肌肉耐力

肌肉耐力是指肌体在一定外部负荷或对抗一定阻力（来自外部的阻力或人体本身的阻力）时，能坚持较长时间或重复较多次数的能力。

3．速度耐力

速度耐力是指肌体将获得的较高或最高速度一直保持到运动结束的能力。在田径运动中，运动员 200 米跑的成绩在很大程度上取决于速度耐力水平。速度耐力的生理机制与肌体内无氧代谢过程的改善和肌体适应缺氧能力的提高有着非常密切的关系。以 100 米、200 米跑的成绩对比来评定速度耐力时，一般用 100 米的成绩乘以 2 再加 0.4 秒即可。针对肌体速度耐力的训练主要应在提高运动者速度素质的基础上，提高和改善其放松跑的能力，这样不仅可以提高运动者中枢神经系统和运动器官机能的灵活性，还可以提高运动者神经系统对缺氧和酸性代谢产物积累的适应能力。

三、耐力素质的影响因素

（一）生理因素

1．影响有氧耐力的生理学因素

（1）氧运输系统的功能水平。肌体的呼吸、血液和循环组成了整个氧运输系统，这一系统起到了为肌体运输氧气、营养物质和代谢产物的作用，这也是有氧耐力水平的决定性因素。其中肌体血液的载氧能力和心脏的泵血功能，是决定肌体氧运输系统的功能水平的重要因素。肌体中血液的载氧能力受血液中血红蛋白含量高低的影响，通常情况下，肌体中 1 克血红蛋白可以结合 1.34 毫升氧气，血液中的血红蛋白含量越高，血液结合的氧气就越多，其载氧量就越高。研究发现，一般成年男性每 100 毫升血液中血红蛋白含量约为 15 克，每 100 毫升血液中血氧容量约为 20 毫升，而女性和少年儿童血液中的血红蛋白和血氧容量都要略少于成年男性。在一些耐力项目优秀的运动员中，其血液中的血红蛋白含量可以达到每百毫升血液中含 16 克血红蛋白。比一般成人和其他项目的运动员都要高，也正因如此，其血液的载氧量也会超出一般人。肌体的最大心输出量（心脏每搏输出量与心率的乘积）是心脏泵血功能水平高低的重要表现。肌体的最大心输出量越大，外周肌肉组织单位时间内获得的血流量越多，氧气的运输量也越大。运动生理学研究发现，一般优秀的耐力项目运动员的心室腔容积和心室壁厚度都要比非耐力性项目运动员和一般人大，并且他们心脏每搏的输出量可以达到 150 ~ 170 毫升，而普通成人则大多只能达到 100 ~ 120 毫升。此外，优秀耐力选手的心肌收缩力也会比非耐力性项目运动员和一般人大，射血的速度也较快，运动时心率即使高达 200 次/分钟，每搏输出量仍不减少，这些都是其具有较高的氧运输功能的生理学基础。

（2）骨骼肌利用氧的能力。人体的肌肉组织可以从流经毛细血管的血液中摄取和利用氧气。生理学研究表明，肌肉中的肌纤维类型和它的有氧代谢能力，会对肌肉组织摄取和利用氧气的能力产生直接影响。肌肉中的 I 型肌纤维比例越高，有氧代谢酶活性就越高，而肌肉组织摄取和利用氧气的能力也就越强。一些优秀的耐力型运动员都具有这些特点，他们通常具有较高的慢肌纤维百分比，线粒体数量多，有氧氧化酶活性高，毛细血管分布密度大，这些都使他们的肌肉具有很强的氧气摄取和利用能力。许多学者认为，肌体的心输出量是决定其有氧耐力水平的中心机制，而肌纤维类型的百分构成及其有氧代谢能力则是决定有氧耐力水平的外周机制。同时，能够对人体骨骼肌运动时的氧利用能力进行整体反应的还有无氧阈。以无氧阈的最大吸氧量相对值表示法为例，其比值越高，反应肌肉的氧利用能力就越强。通常情况下普通成年人的无氧阈最大吸氧量在 65%左右，而一些优秀的耐力型运动员的无氧阈最大吸氧量可以达到 80%以上。

（3）神经系统的调节能力。运动员在进行耐力运动训练时，对其神经系统提出了较高要求。它需要人的神经系统能够保持长时间的兴奋状态和抑制节律性转换，并且能够使肌体的运动中枢和内脏中枢之间进行协调活动，以实现保持肌肉收缩和舒张的良好节律以及运动器官和内脏器官活动之间的协调和配合。经研究，肌体神经系统的调节功能可以通过耐力训练进行有效的改善，并通过改善，使肌体更能适应耐力运动训练的需要，这一点也是耐力型运动员能够坚持长时间运动的生理学原因之一。

（4）能量供应及其利用效率。肌糖原和脂肪的有氧氧化为肌体进行耐力性运动训练提供了主要的能量。实践训练研究发现，肌体中肌糖原含量不足，其耐力性运动训练成绩会受到明显的影响；反之，肌体拥有充足的肌糖原储备，并且对有氧氧化产生的能量进行有效的利用、节约肌糖原利用以及提高肌体中脂肪的利用比例等，都能使肌体的耐力水平得到有效的提高。肌体的能量利用效率是肌体在单位耗氧量条件下的做功能力。通过对耐力运动员运动训练的研究，发现多数的耐力型运动员产生运动成绩差异，有 65%是由于肌体能量利用效率的不同而造成的。

（5）年龄与性别。人体在发育过程中，其自身的最大吸氧量绝对值表示的肌体最大摄氧能力会随着人们年龄的增长而逐渐增加，其中男生发育到 16 岁、女生发育到 14 岁时最大摄氧能力达到顶峰。14 岁时，男女最大吸氧量的绝对值差异约为 25%，16 岁时高达 50%。如果以相对值“毫升/（千克・分钟）”表示，在 6 ~ 16 岁，男生的最大吸氧量会稳定在 53 毫升/（千克・分钟）的水平，女生的则是从 52.0 毫升/（千克・分钟）慢慢下降到 40.5 毫升/（千克・分钟）。而造成这一差异的主要原因，可能是女性体内脂肪会随年龄的增长而快于男生。在 25 岁以后，肌体的最大吸氧量会以约每年 1%的速度递减；到 55 岁时，肌体的最大吸氧量相比于 20 岁时平均减少了 27%。

2．影响无氧耐力的生理学因素

（1）骨骼肌的糖无氧酵解供能能力。肌糖原的无氧酵解为肌体的无氧耐力提供主要的能量，而肌体中肌纤维百分构成和糖酵解酶催化活性会直接对肌糖原的无氧酵解供能产生影响。通过对不同代谢性质运动项目运动员身体结构的研究，我们发现经过这些不同项目的运动训练后，运动员之间的肌纤维百分构成和糖酵解酶活性会出现较为明显的差异，其各个项目的特征表现得非常明显，如表 5-1 所示，这也表明了以上两项因素在无氧耐力发展方面起到了决定性的作用。

表 5-1 不同竞赛项目运动员肌纤维组成和无氧代谢酶活性的比较

项目	慢肌（%）	乳酸脱氢酶（微当量/克·分钟）	磷酸化酶（微当量/克·分钟）
男子短跑	24.0	1287	15.3
男子中长跑	51.9	868	8.4
男子长跑	69.4	764	8.1
女子短跑	27.4	1350	20.0
女子中长跑	60.0	744	12.6

（2）对酸性物质的缓冲能力。由于肌肉糖酵解过程中会产生大量的H^+，它们会大量积累在肌细胞内，并且会向血液中扩散，造成肌体肌肉和血液中酸性物质增加，对肌体细胞内和内环境的理化性质造成一定干扰。在人体肌肉和血液中，会存在一些中和酸性物质的缓冲物质，它们是一种由弱酸以及弱酸与强碱生成的盐按一定比例组成的混合液，其主要作用就是缓冲酸、碱物质，保持体内 pH 的相对恒定。经研究发现，一些耐力型运动员的耐酸能力要比其他类型运动员强很多。运动员可以通过无氧耐力训练提高自身的耐酸能力，进而提高自己的无氧耐力水平。但是，目前并没有确切的研究能够证明无氧耐力训练能够提高肌体的酸碱缓冲能力。许多人认为，肌体在运动训练过程中之所以其耐酸能力增加，是由于“酸性物质引起的心理不适感”得到了强化。

（3）神经系统对酸性物质的耐受能力。虽然肌体内酸性物质的快速积累，会通过肌肉和血液中的缓冲物质得到缓冲，但对于肌肉和血液的 pH 向酸性方向发展却是无能为力。通常情况，人体在安静状态下，其血液的平均 pH 值为 7.4，骨骼肌细胞液的 pH 值为 7.0 左右。但是，当肌体进行相对剧烈或长时间的运动时，其血液和骨骼肌细胞液的 pH 均可能出现明显的降低。血液的 pH 值可能会降至 7.0 左右，骨骼肌细胞液的 pH 值则可能会降至 6.3。而通过对神经系统的研究，我们发现神经系统对运动肌的驱动和对不同肌群活动的协调作用是影响无氧耐力的一个重要因素，而神经系统的这类功能会受到大量酸性物质的影响，从而对运动过程中运动单位的激活和中枢控制的协调性产生一定影响。如果经常参加无氧耐力的训练，则可以使神经系统对酸性物质的耐受能力得到有效的提高。

（二）个性心理特征

运动员的运动动机和兴趣以及面临运动活动的心理稳定性、努力程度、自持力和意志品质都直接影响耐力水平的发展，特别是意志品质在耐力训练中起着非常重要的作用。在长时间运动出现疲劳的情况下以及在以强度为主的训练中，意志品质的重要作用体现得尤为明显。如果运动员的意志力不能强迫神经中枢继续工作，甚至提高工作强度（如终点冲刺），便不能保持运动所要求的强度水平。扎托贝克、维伦、王军霞等著名运动员的事例证明，人类具有极大的耐力潜力。这种潜力只有通过充分动员起来的意志力去战胜由于疲劳而出现的软弱，才能得到最大限度的发挥。

（三）运动技能水平

耐力素质是一名运动员从事训练和比赛非常重要的一项基本素质，其耐力素质的高低对能否取得优异的运动成绩有着极为重要的影响。因此，在任何一个运动项目中都应把耐力素质作为基础素质来发展。需要说明的是，耐力素质要想得到很好的发展还必须具备一定的运动技能水平，运动员运动技能水平的高低对耐力素质的发展起到重要的促进作用，运动技能水平高有利于耐力素质的提高；反之，则妨碍耐力素质的发展。

第三节　速度素质的影响要素与训练

一、速度素质的概念

速度，是指人的身体或某一身体部位快速改变原有运动状态的能力。

速度素质包括三个方面，即快速完成动作的能力、快速经过规定距离的能力和对外界刺激或各种应激反应的快速判断能力。速度对于大多数运动员来说都是取得好成绩的关键因素之一，如田径比赛中的 100 米跑就是一项典型的运动员之间比拼快速运动能力的比赛项目。有些运动项目本身虽不是比速度，但速度对运动成绩有着直接影响，如世界著名运动员刘易斯，当他跳远成绩达到 8.91 米时，他的 100 米成绩已达到 9.86。再如在铅球运动中更多的是依靠直接力量和通过旋转“助跑”产生的间接力量，但在铅球的“助跑”和投掷的那一刻仍旧需要腰部的快速转动和手臂的快速投掷。

除此之外，速度素质还是很多运动项目对年轻运动员选材的重要指标之一。因此，速度素质的训练在运动员的日常体能训练中的地位就可见一斑了。

二、速度素质的分类

速度素质是人身体素质中的一项，前面提到的快速完成动作的能力、快速经过规定距离的能力和对外界刺激或各种应激反应的快速判断能力是速度素质的三个方面。简单地说，这三方面的表现形式可以表述为动作速度、周期性运动中的位移速度和反应速度。

（一）动作速度

动作速度，是指人体或人体某一部位在单位时间内完成某种动作或完成次数的用时。动作速度根据其表现形式的不同可以分为动作速度、组合动作速度和动作速率三种。例如，跳高运动员的屈腿起跳的腿部动作就属于单一动作速度；撑竿跳运动员完成预备、助跑、撑竿、过竿和落地的动作全过程速度就属于成套动作速度；径赛运动员的跑步步幅的快慢就属于动作速度。

神经系统对人体的各种运动机能起到控制作用，因此可以说，动作速度的快慢与神经系统的兴奋和敏感度有极大的关系。当人受到的内外刺激强度较大时，人体神经系统就处于兴奋的状态，随之而来的就是其传递信号的速度加快，在人体表象上看就显现为身体的协调性增强，使动作速度和反应能力加快，反之，则使动作速度和反应能力减弱。另外，人体各器官系统的准备状态也会决定动作速度的快慢，如没有做好准备活动的运动员，其身体的动作速度和反应速度势必会有一定程度的衰减。而技术动作的娴熟程度也会影响动作速度，如刚刚学习足球运动的人其动作完成速度和频率皆比熟练掌握这些技术动作的人要慢许多。

（二）移动速度

移动速度，是指在单位时间内人体快速移动的能力。为更好地理解移动速度的计算方法，可以参照物理公式 $v=s/t$。在公式中，v 表示物体移动的速度，它是距离 s 与通过该距离的时间 t 之比。

与动作速度相同的是，移动速度的快慢也与人体神经系统所处的状态有关，且移动速度的快慢和能力与神经系统的兴奋性成正比例关系。这些现象最终也将直接体现在人体移动速度的加快。

经研究表明，人体的移动速度不仅可以依靠后天训练和培养得到提高，有时它还会受遗传因素影响。例如，父母从小参与各种训练，获得了快速移动的反应的能力，那么他们的子女在这方面的素质也一定不会太差，或者可以在后天的培养和训练中在速度方面的提高会更快。

在技术动作中，移动速度可分为平均速度、加速度和最高速度。

（三）反应速度

反应速度，是指人体对外界各种刺激信息的回应能力。反应速度的快慢取决于刺激信息被传导所需的时间。信息的传递几乎是在瞬间完成的，这段一瞬间的快速时间被称为“反应时”。“反应时”与反应速度成反比例关系，即“反应时”越长，人的反应速度就越慢；“反应时”越短，人的反应速度就越快。良好的反应速度可以表现为诸如短跑运动员听到发令枪响后到起动之间的反应；在进行足球运动中，守门员在判断射门方向并做出扑救动作的时间；乒乓球运动员通常在 0.15 秒内就要根据对方的引拍方向、击球瞬间和击球声音来判断飞来的球的线路、旋转和可能的落点等，不仅如此，他还需要根据这些因素来快速反应自身要做出的回球准备。

从上面的内容中就可以得知，神经过程的感觉时间和思维判别时间即为反应速度的基础，因此，这就使得有很多因素会直接影响神经过程，进而间接影响反应速度。影响因素中遗传因素的影响最大。有关数据显示反应速度的遗传力高达 75%以上。

反应速度、动作速度、移动速度作为速度素质的评判标准，它们之间既相互区别，又彼此联系，共同对速度素质的最终表现施加影响。因此，在发展速度素质的过程中，要考虑三者之间的相互关系，就移动速度而言，反应速度是前提条件，动作速度则是基础。

三、影响速度的因素

前面提到了反应速度、动作速度与移动速度之间的关系和区别。这种区别尤其体现在三者的内部机制方面，如反应速度主要表现在神经活动层面，而动作速度和移动速度则更反映在人体肌肉活动方面。这些影响速度素质训练的因素具体分析如下。

（一）反应速度的影响因素

1. 感官的敏感程度

人体的感觉器官是接收外界信号源的收集“设备”，人体的感官的敏感程度决定了对外界信号的感受时间。敏感度越强，收集和传递信号的时间过程就越短。而注意力的集中程度，又是决定感官敏感度的因素。举个例子来看，如百米赛跑运动员在起跑时必须全神贯注地听发令枪的声音，此时他的感觉器官处在高度集中的状态下，因此反应速度会得到很大的提高；反之，若没有集中精神，则极易使反应速度减慢。感觉器官除受到注意力程度的影响外，还会受到人体疲劳程度的制约，如跳高运动员长时间练习腾空动作后，必然会导致他有关动作所要使用肌肉的疲劳，这时人体的反应时就会延长，造成动作越发脱离标准的现象。

2．肌纤维的兴奋性

肌纤维的兴奋与否也对反应速度快慢起着重要作用。有关方面研究发现，肌肉处于紧张状态时的反应时要比放松状态缩短 7%左右，但需要注意的是，这种紧张状态必须要在一定的限度内，而不能是过度的紧张；否则，会由于肌肉的过度紧张使运动技术动作变形，起到事倍功半的不利效果。当肌肉过度劳累产生极强的疲劳感时，肌肉对应激反应的时间明显延长。通过这个规律可知，反应速度会受到注意力的集中程度、疲劳程度与反应过程的影响而发生变化。

3．中枢神经系统机能

反射活动受刺激信号的影响会显现出不同的状态，如刺激信号的选择性越大，反射活动就越复杂，表现为运动员要在单位时间内做出的思考更多。中枢神经对刺激信号的分析时间主要与神经兴奋性以及条件反射建立的巩固程度有关。除此之外，运动员对运动技术动作的熟练程度也是决定反应速度长短的因素之一，即当运动员在刚刚接触新技术不久时其本身对这项技术尚未熟悉，每个动作的做出都需要较长时间的思考，而随着技术动作的逐渐成熟，新的肌肉记忆也随之形成，此时运动员就会表现为对所做动作不用加以思考，并且可以在“下意识”做出技术动作的同时考虑更多的其他内容，这就很好地说明了反应时的明显缩短。

（二）动作、移动速度的影响因素

影响动作速度与移动速度的因素主要是肌肉运动能力。动作速度和移动速度是肌肉系统在最短时间内用最大限度的力来形成快速活动的形式。由于人体肌肉活动受到多方面的影响，因此，也有较多的因素影响着动作速度和移动速度，具体影响因素有以下几项。

1．人体体形

人体的体形对速度素质的影响方面较多。其中，影响较大的方面在于如人体体长（身高）、四肢长度等。以田径运动为例，在 2 名运动员身高体重条件一致的情况下，上下肢越长的运动员其运动速度就越快。简单地说，就是四肢的长度与相关部位（手臂、腿部）运动速度成正比。举例说明，在田径项目中的径赛运动员的下肢长度通常决定了运动成绩，因为他腿长较长的缘故，所以，他跨出一步的距离相比腿长较短的运动员要多一些，在分秒必争的比赛中，每一步多出的一点优势，就决定了最终比赛的胜负。因此，这就是在选择对运动速度要求较高的运动项目（如田径、游泳、体操等）的运动人才时要首先将身体的体型作为一个重要选材指标的原因了。

2．生理影响

（1）肌肉类型与肌力。速度素质的体现是需要肌肉的收缩来实现的，而肌肉纤维又是组成肌肉的基本物质。人体的肌肉（主要指对运动产生最大影响的骨骼肌）可以分为快肌纤维（白肌纤维）、慢肌纤维（红肌纤维）和中间型纤维三种。这三种类型的肌纤维中对速度素质起到重要影响的是快肌纤维。因此，快肌纤维占肌肉含量百分比越高，人体的快速运动的能力也就越强。但是，快肌纤维在运动中的利用会产生一定的“副作用”，那就是运动积累到一定时间后会产生强烈的疲劳感。

人体肌肉的弹性及其在运动中不断交替工作的方式是准确完成动作技术的重要保证。除此之外，还有一点是不能被忽视的，那就是关节的柔韧性。关节的柔韧性尽管不是直接决定速度的因素，但它对某些需要肢体大幅度完成动作（如步幅）的速度促进作用十分明显。所以，根据这一情况可以考虑在速度素质训练的过程中安排一些对关节柔韧度有较大帮助的练习。

（2）神经活动过程。神经活动过程的灵活性，是指神经中枢兴奋与抑制之间快速的转换能力。神经中枢对于人体的运动起到至关重要的作用，它是人体在运动中保持协调和做出快速反应的“指挥器”。只有敏感、快速的神经活动过程才能在运动中迅速调动所有必要的肌肉协作参与活动，同时，它还能更有效地抑制对抗肌的影响。

在运动中，肌肉并非时刻保持高度的紧张状态，实施的放松也是积蓄力量的环节。而神经活动过程的灵活性就能够起到控制肌肉放松的作用。因此，当运动员在做有关移动速度的训练时，如果能做一些放松与紧张的肌肉转换练习，就能使肌肉的效率大大增加，有利于较长时间维持高速运动。

3．心理影响

对于动作速度和位移速度的心理影响主要与自身注意力的集中程度有

关。作为一种心理定向能力，注意力集中对中枢神经的兴奋性与迅速转换有极大的影响。除此之外，它还对肌纤维的收缩效果与紧张程度有着很重要的作用。然而，注意力在适度专注的情况下可以提高动作和位移速度，但是，这种专注力过于膨胀时，就会向紧张心情靠拢，紧张的情绪反而会在一定程度上制约动作和位移速度。

4. 力量发展方式

力量的发展水平对许多运动项目来说是决定性的，如田径运动或对抗性较强的足球、篮球等运动。人体加速度的产生原因就是由于力量的作用，力量大小与其可以制造出的加速度成正比。人体的力量分为相对力量和绝对力量，对于相对力量较大的人，其肌肉容易在运动中克服内、外部阻力，产生快速的收缩速度。除此之外，动作和移动速度不光依靠人们的相对力量，还受到运动技术娴熟度的影响。例如，在撑竿跳高比赛中，如果运动员的全套动作有某个环节是整体技术动作的“短板”，那么他在完成撑竿跳动作时就会有一定的顾虑，直接表现出来的行为就是适当放慢速度以顺利完成有缺陷的动作。

第四节 柔韧素质的影响要素与训练

一、柔韧素质的概念

柔韧素质是指人体各个关节的活动幅度以及肌肉、肌腱和韧带等软组织的伸展能力。柔韧素质包括两个方面的含义：一是关节活动幅度的大小，二是跨过关节的肌肉、肌腱、韧带等软组织的伸展性。关节的活动幅度主要取决于关节本身的装置结构。跨过关节的肌肉、肌腱、韧带等软组织的伸展性，则主要通过合理的训练获得。

柔韧性在运动中具有重要意义。它是有效改进技术的必要基础，也是保证提高运动技术水平的基本因素之一。如果柔韧性差，掌握动作技能的过程会立即缓慢下来，并变得复杂化，而其中某些对完成比赛动作十分重要的关键技术往往不可能学会。关节柔韧性差还会限制力量及速度、协调能力的发挥，使肌肉协调性下降，工作吃力，并影响其他运动素质的发展，而且往往还会成为肌肉、韧带损伤的原因。

二、柔韧素质的分类

柔韧素质，从需要来说可分为一般柔韧性、专项柔韧性、主动柔韧性和被动柔韧性，下面分别做介绍。

（一）一般柔韧性

一般柔韧性是指运动员在进行训练时，为适应这类身体练习，保证一般训练顺利进行所需要的柔韧素质。例如：球类运动员在速度练习时，加大必要的步幅所需要的腿部柔韧性；田径运动员用杠铃进行深蹲练习时，所需要的大腿后群肌肉表现出来的柔韧性。

（二）专项柔韧性

专项柔韧性是专项运动技术所特殊需要的柔韧性。它建立在一般柔韧性的基础上，并由各专项动作的生物力学结构所决定。例如：赛艇运动员需要良好的脊柱、肩和髋关节柔韧性；速滑和赛跑运动员则要求髋、膝、踝关节特别灵活；蝶泳则要求运动员必须具备大幅度的肩、腰活动幅度；体操运动员为了完成各种器械练习，肩、髋、腰、腿等部位必须表现出大幅度的活动范围。当运动员的柔韧性发展到一定水平时，各关节的运动幅度会超过有效完成动作所要求的程度，这种超出，就是柔韧性“储备”。

（三）主动柔韧性

主动柔韧性指运动员依靠相应关节周围肌肉群的积极工作，完成大幅度动作的能力。主动柔韧性不仅涉及培养对柔韧性有直接影响的能力，而且还涉及力量素质的发展，力量素质的发展能促进主动柔韧性水平的提高。

（四）被动柔韧性

被动柔韧性是指被动用力时，关节所能达到的最大活动幅度，运动员被动柔韧性的指标一般高于主动柔韧性。被动柔韧性是发展主动柔韧性的基础。

三、影响柔韧素质的因素

（一）骨关节结构

骨关节结构是依据人体生理生长规律需要而形成的，这种结构装置是被限定的。因为关节运动的幅度被限定在一定范围之内，通过训练是难以改变的。它们的活动范围是由关节头和关节窝两个关节面之差所决定的，两个关节面之差越大，关节活动幅度也就越大，但骨关节结构因人而异有一定的差异。如肘关节中的肱尺关节，它可使肘屈伸幅度被固定在 140° 范围（因肱骨臼的幅度为 320° ，尺骨半月切迹的角度为 180° ，它们之差为 140° ）。如果鹰嘴突较长，会使肘关节不能完全伸直，其伸展受到一定影响；如果鹰嘴突较短，又会使肘关节过分伸展出现倒弯。这种骨关节结构的生长是先天的，各自差异的骨关节结构通过训练是难以改变的。但通过训练可以使各个关节达到它最大的活动范围，能充分挖掘其潜力。而不训练的人，各个关节具有的活动潜力非但不能发挥，并且还会消退。

关节运动轴决定关节的灵活性，如指关节是单轴关节，只能屈伸。腕关节是双轴关节可屈伸、内收、外旋、绕球。可见，腕关节灵活于指关节。

（二）跨过关节的肌肉、肌腱、韧带

关节的加固主要是肌腱和韧带，肌肉从关节外部补充加固关节力量，控制关节活动幅度。

韧带本身是抗拉性很强的组织，它主要的作用是加固关节，限制关节在一定范围内运动，从而保护关节不致超出解剖允许的限度而受伤。

在一般活动中，很少达到这种关节面所允许的解剖限度。这是因为与运动方向相反的对抗肌伸展不足造成进一步的限制所致。如屈膝伸膝时，当举腿在水平面时可任意屈膝伸膝，可当大腿贴胸开始时，屈膝自如，但伸膝感到困难，这是因为大腿后侧肌群及韧带伸展不足所致。可见，发展某一关节的柔韧主要是限制关节活动幅度的对抗肌，使其主动受到牵拉伸展，逐渐增加它们的伸展度，从而扩大了关节的运动幅度。为力求达到解剖的最大限度，就必须完全克服对抗肌的限力以后仍然拉伸，从而牵拉到肌腱，此时肌腱的拉伸完全受外力拉伸力和对抗肌回缩力的作用而拉伸，从而进一步增强了肌肉、肌腱的弹性和伸展性。

具体发展某一关节的柔韧性时，主要发展控制关节屈、伸肌的伸展性及协调能力。如发展膝关节的伸膝能力，主要发展大腿后部肌群及小腿后部肌群的伸展性。发展屈膝能力，主要发展大腿、小腿前部肌群的伸展性。再如发展体前屈的柔韧性，主要发展腰背肌群及大、小腿后部肌群的伸展性。发展体后仰的柔韧性，主要发展肩部肌群、胸大肌、腹肌及大腿前部肌群的伸展性。可见，在发展某一部分柔韧时，应让屈、伸肌相互协调发展才能提高关节的柔韧性。因此，增长跨过关节的韧带肌腱和皮肤等伸展性是探求提高柔韧性的重要途径，应予以足够的重视。

（三）关节周围组织的大小

关节周围的肌肉块过大或脂肪过多，都影响着柔韧性的提高。如肩部三角肌过大，会影响肩关节的活动范围；肱二头肌过大，影响肘关节的弯曲程度等。因此，在练完三角肌和肱二头肌的力量后，要做肩肘部的伸展和放松练习，尽量拉长肌纤维和增强肌肉弹性，从而既加大了肩肘部力量，又增强了肩肘部的柔韧性。此外，皮下脂肪过多的人，肌肉收缩力量相对较弱，加上脂肪占一定空间体积，影响柔韧的有效幅度。所以大腹便便者，很难做体前屈使手触地动作，只有减少了腹部的脂肪，前屈的幅度才会增大。

（四）年龄与性别

1. 年龄

从人的生理自然生长规律来看，初生的婴儿柔性最好。随着年龄的递增，骨的骨化过程，肌肉的增长，韧性逐渐加强。柔韧性的增长在 10 岁以前自然获得发展，10 岁以后随着年龄的增长，柔韧性相对降低。特别是髋关节，由于腿的前后活动多，加上肌肉组织增大，使左右开髋幅度明显下降。因此在 10 岁以前就应给予应有的柔韧练习，使其自然增长的柔韧性得到提高。在 10～13 岁这个年龄应充分发展柔韧练习，因这个年龄是性成熟前期，骨的弹性增强，肌肉韧带的弹性、伸展性仍有较大的可塑性，给予充分柔韧练习，使各关节幅度达到最大解剖限度，充分提高肌肉韧带的伸展性，这不仅能提高各关节的柔韧，而且对青春期的身高增长也是有利的。如果在 10 岁以前柔韧未得到发展，在 10～13 岁这个时期仍可作为柔韧发展的弥补，获得应有的柔韧效果。超过这个年龄段，将会使运动员经受较大痛苦，费时长、收效慢且易受伤。

13～15 岁为生长期。在这个时期，骨骼生长速度超过肌肉，因此柔韧性有所下降。

在这个时期特别注意身体发育的匀称性，多做全身性的伸展练习，巩固已获得的柔韧效果，不要过分进行柔韧性练习以免拉伤。

16~20岁，由于13岁以前获得了良好的柔韧效果，在青春期虽有些下降，但在这个年龄段整个身体发育趋向成熟，可加大柔韧负荷、难度，从而在已获得的柔韧基础上，进一步获得专项所需要的柔韧素质。

2. 性别

根据生理解剖特点，男子的肌纤维长，横断面积大于女子、伸缩度较大，3/4 的全部肌纤维强而有力；女子的肌纤维细长，横断面积小于男子，伸展性好，对关节活动限制小，全身仅有1/2的肌纤维强而有力，因此女子关节的灵活性好于男子。

（五）疲劳程度

当肌肉长时间工作产生疲劳时，其弹性、伸展性、兴奋性均降低，造成肌肉收缩与放松的不完善，各肌群不能协调工作，从而导致关节柔韧性降低。

（六）温度

当肌肉温度升高时，新陈代谢加强，供血增多，肌肉的黏滞性减少，从而提高肌肉的弹性和伸展性，柔韧性得以提高。

影响柔韧性的温度有外界环境温度和体内温度。体内温度的调节用于补偿外界环境对肌体产生的不适应。如当外界环境温度低时，必须做好充分的准备活动，提高肌肉温度，增加柔性。当外界环境温度高时，将排出一定量的汗液降低温度，以免肌肉过早出现疲劳，降低柔韧性。一天内的时间与外界温度有关，但更重要的是一天内人体的机能状态不同，会有一定的变化。例如，刚睡醒后肌肉柔韧性较差，早晨柔韧性稍好一些，中午比早晨好。

（七）神经过程转换的灵活性

神经系统兴奋与抑制过程转换的灵活性与运动活动中肌肉的基本张力有关，特别是中枢神经系统调节对抗肌之间的协调性的改善，以及对肌肉紧张和放松的调节能力的提高。神经过程灵活性高，则肌肉兴奋性强，肌肉、肌腱、韧带的弹性和伸展性好，支配肌肉收缩与放松的能力强，使参与工作的诸多肌肉协调活动，从而使柔韧性提高。

（八）活动水平

不爱活动的人比经常活动的人柔韧性差，其原因是长期坐着不动，膝、髋关节等总是处于特定的位置，会使相应肌群变短和僵硬，导致肌肉韧带的正常伸展性丧失，关节活动范围缩小。另外，不爱活动将造成人体内脂肪堆积，也会限制柔韧性的发挥。即便是参加活动的人，中断活动后，柔韧性也会降低。同样是经常参加活动的人，由于活动的方法、手段、量和强度不同，其柔韧性能也有差异。所以说，活动水平对柔韧性的影响很大。

第五节　灵敏素质的影响要素与训练

一、灵敏素质及灵敏素质训练的意义

（一）灵敏素质的概念

灵敏素质是指人体在各种突然变换的条件下，快速、协调、敏捷、准确地完成动作的能力。它是运动技能、神经反应和各种身体素质的综合表现。

灵敏素质之所以是运动技能、神经反应和各种素质的综合表现，是因为不同训练项目对动作的要求都有不同程度的体现，它建立在力量、速度、耐力、柔韧等多种素质和技能之上。

通过力量特别是爆发力量，控制身体的加速或减速；通过速度，特别是爆发速度，控制身体移动、躲闪、变换方向的快慢；通过柔韧保证力量、速度的发挥；通过耐力保证持久的工作能力。

根据这些素质的综合运用和动作技能掌握的熟练程度，在中枢神经支配下，才能灵活地运用，使动作不断完善，技能不断提高。因为神经反应决定了反应速度的快慢、判断是否准确、随机应变及时做出应答动作的快慢，因此，反应迅速、判断准确、及时做出应答动作是灵敏素质的先决条件，各素质协同配合是完成应答动作的基础。人的身体素质的某一项得到了发展，并熟练地掌握了运动技能，灵敏素质就能得到充分的发展和提高。所以说，身体综合素质越好，完成动作越熟练，所表现的灵敏素质就越好。灵敏素质离不开其他素质和运动技能，现实中根本没有单纯的灵敏素质。

灵敏素质没有客观衡量标准，只能通过动作的熟练程度来显示灵敏素质的高低。其他素质的测定都有其客观的衡量标准，灵敏素质则没有。例

如，我们常见的力量素质是用重量的大小来衡量，单位速度是用距离和时间的比来衡量；耐力用时间的长短或重复次数的多少来衡量；柔韧用角度、幅度的大小来衡量；而灵敏素质只有用迅速准确协调完成动作的能力来衡量。例如，在判断人的躲闪能力时，必须通过躲闪动作来体现。灵敏度越高，躲闪的速度就越快。因而，灵敏程度的高低决定了躲闪速度的快慢。同时，躲闪的能力也离不开其他素质，如反应能力和判断能力的素质。

速度力量又决定了反应动作的快慢，因此人在没有做出躲闪动作之前无法衡量在躲闪方面的灵敏素质，诸如急跑急停、转体、平衡等动作都如此。因此身体素质越好，完成动作越熟练，所表现的灵敏素质就越好。离开其他素质和运动技能根本谈不上灵敏素质，灵敏素质只有通过熟练的动作才能表现出来，单纯的灵敏素质是不存在的。判断和评价灵敏素质主要从以下三个方面来衡量。

（1）能力上：具有快速的反应、判断、躲闪、转身、翻转、维持平衡和随机应变的能力。

（2）动作上：在完成动作时，是否能自如地操纵自己的身体，在任何不同的条件下都能准确熟练地完成动作。

（3）其他素质上：是否能把力量（爆发力）、速度（反应速度）、耐力、协调性、节奏感等素质和技能通过熟练的动作综合表现出来。

在不同项目的体能训练中，对灵敏素质的要求也不相同，主要表现在以下三个方面。

（1）在球类项目和部分对抗项目中，要求反应、判断、躲闪、随机应变方面的灵敏素质。

（2）在体操、跳水等项目中，则需要身体位置迅速改变及空中翻转方面所表现的灵敏素质。

（3）滑雪、滑冰要求迅速调整身体平衡、快速改变身体方向等方面的灵敏素质。

以上所列举的项目，能够体现灵敏素质的作用，即灵敏素质在于优美、熟练、准确地完成动作，并在体能训练中有突出的表现。

（二）灵敏素质训练的意义

灵敏素质是协调发挥各种身体素质能力、提高技术动作质量、创造优异成绩的重要条件。它在体能训练中主要有以下两点意义。

第一，在体能训练中，准确、熟练、协调完成动作，提高运动技能和身体素质的重要保证。

第二，在运动比赛中，能够巧妙地战胜对手，取得良好的成绩。

二、灵敏素质的分类

根据体能训练目的和项目类型的不同，通常将灵敏素质分为一般灵敏素质和专项灵敏素质。

各专项体能训练对灵敏素质有着不同的要求。

球类项日和格斗类项目的动作变化较多，没有固定的程序和动作模式，是根据场上的变幻莫测的情况，随机应变，从而改变动作的方向、速度、身体姿势，主要强调反应、判断、躲闪、移动、随机应变、动作敏捷等能力。

体操、跳水等运动项目则侧重要求快速改变身体位置、空中翻转、时空感、节奏感和控制身体平衡等方面的能力。

灵敏素质具有明显的项目特点，必须根据专项技能的特异性，发展专项所需的灵敏素质。

（一）一般灵敏素质

一般灵敏素质，是指在各种活动中，人体在突然变换条件下，迅速、准确、合理完成各种动作的能力。它是灵敏素质发展的基础。

（二）专项灵敏素质

专项灵敏素质，是指在专项体能训练中，人体迅速、准确、协调自如地完成各种专项技术和战术动作的能力。它是在一般灵敏素质的基础上，多年重复技战术训练和提高专项技能的结果。

三、灵敏素质的影响因素

（一）生理因素

1．运动分析器的机能

人体在完成动作时，肌肉产生收缩，通过肌肉肌梭（感知肌纤维长度、张力变化）、腱梭（感知牵张变化）产生的兴奋传入神经中枢进行分析综合活动而感知身体在空间的位置、姿势以及身体各部位的运动情况，并与视觉、味觉、触觉以及内感受器相互作用，实现空间方位感觉。在肌肉感觉及空间方位感觉的基础上，大脑皮层才能随环境变化调节肌紧张，以保证实现各种协调精确的动作。

运动分析得越完善，对肌肉活动用力大小、快慢肌分析能力越高，完成动作时间的判断越精确。有些人即使闭上眼睛也能完成某些动作，这就是运动分析的作用。

在体能训练中，有的人脚表现得灵活，有的人手表现得灵活，这是因为经常使用哪些部位，哪些部位也就表现得较灵活。

如参加网球训练的运动员习惯用哪只手，哪只手就相对地灵活；篮球要求运动员左右手运球、投篮都应灵活；足球运动中要求左右脚射门、带球都应灵活；体操运动中运动员习惯一个方向地转体、一个方向地全旋等，这是因为支配该部位运动器官的神经中枢的分析综合能力高度完善的原因。

2. 前庭分析器的功能

前庭分析器对空翻、转体及维持身体平衡、变换身体的方向位置的灵敏性有很大作用。前庭分析器包括耳石装置和三个半规管。本章只对三个半规管的作用进行论述。

三个半规管在颅内相互垂直，所以当身体朝任何方向旋转时，都能接受刺激，调整身体的平衡，但三个半规管接受的刺激是不一样的。

（1）当做横轴向前或向后翻转时，水平面和横面内的半规管的内淋巴液在翻转开始和结束时，对壶腹内毛细胞起作用，而纵面内的半规管的内淋巴液做圆的滚动，由于翻转惯性内淋巴液在整个翻转过程中起作用，所以做横轴翻转时，纵面内的半规管（前半规管）起主要作用。

（2）围绕纵轴转体时，水平面内的半规管（外半规管）起主要作用。

（3）做矢状轴翻转时，横面内的半规管（后半规管）起主要作用。如果完成空翻转体动作时，要求三个半规管的转换能力要强。

由于前庭分析器的作用，身体在翻转时，才能感觉身体在空间位置的变化，并借助各种反射来调节肌紧张以完成翻转动作。

所以，从事体操、蹦床、小弹板等体能训练能提高和改进前庭分析器的机能，因此体操中的一些训练可用于提高其他项目灵敏素质的辅助训练。

3. 神经过程的灵活性

高度的灵敏素质是在娴熟的运动技能基础上表现出来的，也就是在大脑皮层分析综合能力高度发展的情况下体现的。大脑皮层的分析综合能力是在时间和空间上紧密结合进行的。

因此，在学习每一个动作时都要按一定顺序进行，大脑皮层概括动作的难易度，所给予的刺激也按一定顺序正确地反映出来，多次重复会形成熟练动作。

例如，篮球运动中的上篮动作：①通过视觉判断上篮时的距离及篮的高度；②通过位觉感觉起跳后身体空间方位；③通过皮肤触觉感知地面硬度及手投篮的力量。

这些刺激所引起的兴奋传到大脑皮层相应区，都按严格的时间和顺序产生兴奋、抑制，经过多次强化，各感觉中枢与运动中枢的动觉细胞发生暂时联系而形成运动技能。

只有通过大量动作的重复训练，使动作不断地熟练，才能在突然变化的环境中把这些动作顺利地完成，使大脑皮层的兴奋和抑制的转换能力加强，从而提高大脑皮层神经过程的灵活性。通过这样的体能训练，任何环境中都能熟练地把这些动作表现出来。

运动实践证明，不同的体育项目都有不同的体能训练方法（如篮球的传球、运球、投篮；足球的传递、带球、射门；体操的空翻、回环、倒立、全旋等），只有掌握了这些专门的技能，并且在体能训练中运用自如，才能使专项体能训练迅速提高。而灵敏素质寓于这些运动技能之中，以动作形式灵活熟练地表现出来。

因此，基本动作、基本技术掌握得越多越熟练，不仅学习新的动作快，而且在战术运用中也更富有创造力，人也显得灵活，随机应变能力更强，从而表现出的灵敏素质也更高。

（二）解剖因素

1. 体型

不同运动项目的体能训练对体型的要求也不相同，例如：篮、排球运动项目具有篮高、网高的特点，要求运动员必须身材高大。足球项目的场地大、范围广，就要求运动员在体能训练方面注重速度、耐力、灵活的动作、快速的反应并能充分进行合理冲撞的训练，因此建议选身高、体重在中上等的、下肢有力的。跳高项目要求运动员身材高大、体形偏瘦、躯干短、下肢长。下肢长、重心高、摆动半径大或反作用力大，身瘦体轻有利于空中控制身体顺利过竿。

从以上不同项目的体能训练特点来看，不同的项目要求不同的体型，这种体型必须有利于本专项技术的发挥，能在专项中表现出高度的灵敏素质来。

因此，灵敏素质的好坏并不是由体型来定义的。但一般情况下，过高而瘦长的，过胖的或梨形体型的人，灵敏素质不高；“O”形腿、“X”形腿的人缺乏灵活性；肌肉发达的中等或中等以下身高的人，往往有高度的控制力而表现得非常灵活。

2. 体重

人的体重是由脂肪、肌细胞、水、矿物质构成。其中，脂肪和肌细胞占有重要的比例。当每日的饮食能量超过一天的标准时，多余的部分就会引起脂肪增长。

而肌细胞增长是通过锻炼来实现的，锻炼能促进肌细胞增长。脂肪过多影响肌肉收缩效率，增加了不必要的体重等于增加了体能训练时的阻力，从而影响了身体的灵活性，因此必须进行合理的训练增加肌肉比重，再配以低卡进食逐渐减少脂肪。

（三）情绪因素

人的情绪在高涨时显得特别灵敏，而情绪低落时，灵敏性则会降低。因此运动员情绪的好坏会影响感觉的机能，良好的感觉机能会使动作表现得更为准确，反应迅速，并且在空间和时间上表现出准确的定时定向能力。

由于体能训练环境的影响及其他生理、心理原因会导致情绪的变化，可能会过度兴奋，使兴奋扩散不能集中，造成身体失控；也可能过度抑制，精神不振，造成动作无力不协调。

因此，综合素质全面的运动员在体能训练时应学会自我情绪的调节，使自己在体能训练中具有适宜的情绪。

运动员情绪高涨时，其头脑清醒，身体充满力量，对完成动作充满信心，身体觉得轻快灵活。但这种状态有时不是由人的意识所能决定的。应加强心理训练，提高对环境的适应能力，学会调节自然情绪的方法。

（四）年龄、性别因素

1. 年龄因素

人从出生到 7 岁左右，平衡器官就已经得到了充分的发展。到 12 岁左右，灵敏素质稳定提高，这个时期是提高动作频率、反应速度及单个动作速度的最佳年龄。13 ~ 15 岁为青春期，身高增长较快，灵敏素质相对下降。以后随着年龄的增长，又稳定提高直至成人。

2. 性别因素

灵敏素质与性别有关。在儿童期，男女孩的灵敏素质不存在较大差异。在进入青春期后，男孩的灵敏素质高于女孩。在青春期以后，男子灵敏素质的发展明显高于女子。女子进入青春期，由于体重增加，有氧能力下降，内分泌系统变化，灵敏素质会一度出现明显的生理性下降趋势。

所以，在了解这一规律的同时，应在青春期以前加强女子的灵敏素质训练，使之得到较好发展。

（五）疲劳因素

运动员在体能训练疲劳时动作反应迟钝，速度降低，动作不协调，灵敏性也会明显下降。这主要是因为疲劳将导致中枢神经系统灵活性与肌体活动能力降低。

由于大脑皮质的能源供应不足（缺乏 ATP），从而产生保护性抑制，使肌肉力量不能发挥，因此，在开展灵敏素质训练中和训练后都要注意恢复，及时消除疲劳。在兴奋性比较高、体力充沛的时候发展灵敏素质效果最好。

（六）气温因素

气候阴雨潮湿，天气温度差别大，也会降低关节的灵活性与肌肉韧带的伸展性，造成灵敏性下降。因此，在进行体能训练时，要注意气温的变化，自我调节身体机能，以提高身体的灵敏素质。

（七）运动经验因素

科学理论证明，掌握基本技术越多、越熟练，不仅学习新的运动技能快，而且技术运用也显得更灵活，更富有创造力，表现出的灵敏素质也就更高。

因为长期学习、运用各种技术动作和提高运动技能，可以丰富人的运动实践经验，增加身体素质和技术动作“储备”，从而促进灵敏素质水平的不断提高。

第六章　不同环境下的体育运动与训练

运动环境是指人们进行体育运动时所处的外界条件，也是人类赖以生存的自然环境。

环境因素如温度、湿度、气压、气体成分的变化均会使机体的机能状态发生变化，并影响到运动能力。运动时人体会对这些环境变化发生相应的反应，进而产生相应的适应性来抵御这些刺激，防止这些环境刺激对机体可能造成的伤害。

第一节　在热和冷环境中运动

冷热环境是指人体运动时所处环境低于或者高于肌肉适宜温度。在这样的环境中运动，人体会产生一系列急性应激反应并启动体温调节机制，努力维持体温和正常生理活动。

一、体温与调节

（一）体温

1．正常体温

体温是指人体内部的温度，代表的是人体最基本和最重要的器官温度（心脏、肝和大脑）。由于人体深层的温度不易测得，所以临床上常以直肠温度（37.3～37.5℃，最接近体内温度）、口腔温度（比直肠温度约低 0.4℃）、腋下温度（比口腔温度低 0.3℃）表示。人体温度具有昼夜波动的特点，凌晨 2 时—6 时最低，下午 14 时—17 时最高，波动幅度一般不超过 1℃。

人类属于恒温动物，即无论环境温度如何变化，体温总能维持相对稳定。体温的稳定是保证机体新陈代谢和生命活动正常进行的必要条件。体温之所以能够维持相对稳定，有赖于在体温调节中枢调控下机体产热和散热过程处于动态平衡，如图 6-1 所示。

图 6-1　机体产热、散热之平衡

2．机体的产热与散热

（1）产热过程。体内产生的热量，主要来源于体内能量代谢过程中产生的代谢热。能量物质在分解代谢过程中，所含能量仅有约 1/3 能够为机体所利用，其余约 2/3 以热能形式散发。因此，体内产热的多少取决于组织代谢的强弱。安静时，机体主要内脏器官产热，其中肝产热居首。当机体运动或劳动时，需要消耗大量能量，肌肉便成为主要产热器官，所产热量可达全身总产热量的 90%左右。在气温低下时，人体主要通过肌肉的非自主收缩（寒战）来增加产热，产热量可达基础代谢产热量的 2～5 倍。此外，甲状腺素和儿茶酚胺类激素含量升高也能通过提升能量代谢率使代谢产热增多。

（2）散热过程。体内各组织产生的热量通过血液循环不断在体内发散，并通过皮肤、呼吸、泌尿和排便 4 条途径散发于周围环境。皮肤是人体主要的散热器官（约占散发总热量的 84.5%），通过辐射、传导、对流和蒸发 4 种方式向体外散发热量。①辐射（radiation）是指机体以热射线方式将热传给外界较冷物体的一种散热形式。辐射散热取决于体温与周围温度之差，差值愈大辐射散热愈多。反之，若周围温度高于体温，机体不仅不能通过辐射散热，反而会造成吸热。②传导（conduction）指将体热直接传给与之接触的较冷物体的一种散热方式。传导散热与物体导热性能有关。当人体暴露于在空气中时，经传导散热极少，但当身体浸泡于冷水中时，则传导散热极快。③对流（convection）是指体热借助空气流动而散热于体外的一种散热形式，其散热量取决于空气流动的速度，气流愈快则散热愈多。尽管在外界环境温度低于皮肤温度时，通过对流和传导会带走热量，但这两种方式的散热仅占身体总散热量的 10%～20%。当人体在冰冷的水中时，通过传导散发的热量是空气中的 26 倍。④蒸发（evaporation）是指热量通过体内水分转化为气体时散发于周围环境的过程。每蒸发 1 g 水可带走 2.4 kJ 热量。

当环境温度高于体温时，这是机体唯一的散热途径。

蒸发散热分为两种方式：一是不感蒸发或不显汗，指体液中的水分直接渗透出皮肤和呼吸道黏膜等表面而被蒸发，并不被人们觉察，故称为不感蒸发或不显汗；二是可感蒸发或显汗，指汗腺分泌汗液的过程。在体温上升或气温升高时，就会引起迅速发汗。当人体进行剧烈运动时汗液蒸发明显增多，成为运动中主要的散热方式。

汗液是由汗腺分泌的一种低渗液体，水分占 99.6%，固体成分不到 1%，其中主要是 NaCl，还有少量代谢产物，如尿素等。出汗过多不仅会丢失大量水分，而且会失去部分 NaCl。因此，在大量出汗后不仅要注意补充水分，也要适量补给钠盐，以避免造成体内电解质紊乱。

空气中水蒸气的饱和度或湿度，对散热起着很重要的作用，尤其是对蒸发散热。当湿度很高时，空气中含有许多水分子，这就使空气接受水分子的能力大大降低，限制了汗液的蒸发和体热的散发。反之，若湿度较低，汗液具有良好的蒸发散热机会。但若从皮肤蒸发的水分快于汗液产生的速率，会使皮肤变得干燥。

在运动时，空气湿度需要特别关注，若湿度过高，空气中饱含水蒸气，机体很难通过蒸发散热。因此，在高温、高湿环境从事大强度运动时，体内产生的过多热量难以散发，会对身体和健康造成严重伤害（热应激）。

（二）体温调节

1. 体温调节机制

人体体温调节机制包括自主性体温调节和行为性体温调节。前者指机体在下丘脑体温调节中枢的控制下，通过增减皮肤的血流量、发汗、寒战等生理反应将体温维持在一个相对稳定水平，后者则指机体处于不同温度环境时的相关行为，特别是人为了保温或降温所采取的措施，如增减衣物等。

体温的神经调节，即下丘脑体温调节中枢的调节，是通过体温自身生物控制系统来完成的。下丘脑体温调节中枢，包括调定点（恒温器，在下丘脑视前区）在内，属控制系统。它的传出信息控制着产热器官（如肝、骨骼肌）以及散热机构（如皮肤血管、汗腺）等受控系统的活动，使机体深部温度维持在稳定水平。输出变量体温总是会受到体内外环境因素的干扰（如机体运动或外环境气候因素的变化等），此时则通过温度检测器（皮肤温度感受器和中枢温度感受器）将干扰信息反馈于调定点，经过体温调节中枢的整合，再调整受控系统的活动，建立起当时条件下的体热平衡，如图 6-2 所示。

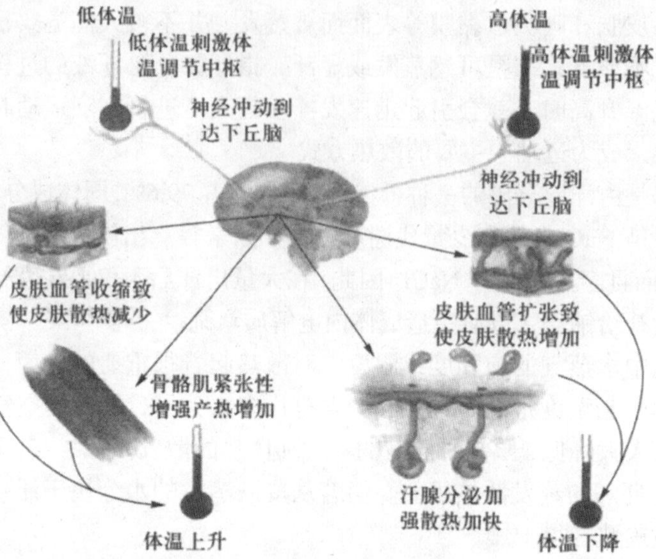

图 6-2　体温的自我调节机制

2．运动与体温调节

剧烈运动时，由于能耗量急剧增加，能量代谢活动可高达安静时的 20 倍，代谢热可使身体的产热量增加 10 倍以上。虽然通过出汗蒸发等途径加强散热，但机体的总产热量仍显著高于散热量，所以运动中体温会暂时升高。如果缺乏良好的温度适应机制，即便是中等强度的运动也会使体温每隔 5 ~ 6 min 升高 1℃，运动时间不宜超过 20 ~ 30 min，否则就会疲劳或有危及生命的高热出现。

因此，即使在温度较低的环境中运动，由于体内代谢过程加强，肌肉产热增加，机体仍会大量出汗以维持体温恒定。在气温较高条件下运动，出汗更是控制体温稳定的主要条件。在剧烈的体育运动中，不习惯热天运动的人，其最大排汗速率约为 $1.5\ L \cdot h^{-1}$；而已经习惯热天运动的人，其最大排汗速率可高达 $4\ L \cdot h^{-1}$，排汗最多的时候，一个人每小时可丢失体重 3.6 kg。身体排汗散热的速率受环境温度、空气温度和湿度的影响，如果空气完全干燥，并且对流空气足以使体表汗液迅速蒸发，那么人体可以耐受很高的气温，如果湿度为 100%而且空气不流动，气温 34℃左右便会产生不良影响。因此，在闷热、湿度大而通风又差的环境下运动时，要特别注意防暑降温。

二、冷环境与运动

（一）运动与冷应激

冷环境，一般指 0℃以下或者更低的环境，冷应激便是机体在冷环境下发生的急性反应。冷应激可归纳为产热与保温两个方面。一方面，通过寒战可使产热速率增加 4～5 倍，同时代谢、内分泌系统应激也可使体内产热量增加；另一方面，冷刺激使皮下血管收缩，减少体表血流量，散热也就减少。

冷环境会给运动带来一些不利因素，运动能力也可能受到影响。例如，低温可使兴奋组织（神经、肌肉和腺体）的兴奋性降低，也可使酶的活性降低，从而影响身体功能；由于寒冷刺激会使周围血管收缩，皮肤血流量减少，暴露的身体部分会变得麻木，此种情况下若要完成抓握和投掷之类需要手指灵巧控制的运动，则会受到很大的影响，而且手指脚趾也易冻伤。低温可反射性地引起人体内物质代谢过程增强，增加机体的氧耗，还可使有氧运输能力和组织代谢水平降低，从而使最大摄氧量下降。寒冷还会使肌肉僵硬、肌肉黏滞性增加或发生寒战，既影响运动技能的发挥，又使运动损伤的危险性增加。

（二）冷伤害及其预防

1. 常见的冷伤害

寒冷对机体的损害作用称为冷伤害，包含有冻结性冷伤害和非冻结性冷伤害。冻结性冷伤害是因短时间暴露于极低温冷环境或长时间暴露于冻点以下的低温环境所引起，此时组织发生冻结，故称冻结性冷伤害。冻结性冷伤害分为全身性（包括冻僵与冻亡）和局部性两种；非冻结性冷伤害（包括冻疮）常发生于手、足、耳垂等末梢部，由冰点以上的低温和潮湿的作用引起。

局部冻伤多见于末梢暴露部位，如手、足、耳廓、鼻尖、脚跟等处，复温后根据损伤程度和表现，临床上可将其分为四度。①一度冻伤。损伤深度在皮肤浅层，表现为瘀斑、轻度肿胀，局部麻木、痒痛。②二度冻伤。损伤皮肤全层，瘙痒或灼痛，局部出现水疱，肿胀明显。③三度冻伤。深达皮下组织，早期出现水肿和大水疱，相继皮肤由苍白变为蓝色或黑色而发生坏死，局部感觉丧失。④四度冻伤。伤及肌肉或骨骼，局部发生干性或湿性坏疽，创周肿胀并可有水疱，知觉完全丧失，常伴有畏冷发热等全身症状。两周后坏死组织分界线形成，坏死组织脱落形成肉芽创面，不易自行愈合，常需植皮和截肢。

2．冷伤害的处理

（1）使伤员迅速脱离低温环境：将潮湿的衣服和鞋袜立即脱掉，衣服、鞋袜连同肢体冻结者，切记不要勉强脱卸，应用温水（40℃左右）使冰冻融化后脱下或剪开。然后立即进行全身和局部保暖，给热饮料等。

（2）快速复温：将患者全身或局部的某个肢体浸于 40～42℃的温水中，在短时间内（15～30 min）复温后，立即离开温水进行保暖。这样可以使患者尽快度过低温阶段，保持组织的活力。

3．冷伤害的预防

为了尽可能避免冷环境对人体造成伤害，可采取一些预防措施：

（1）注意身体锻炼，提高皮肤对寒冷的适应力。

（2）注意保暖，保护好易冻部位，如手足、耳朵等处，要注意戴好手套、穿厚袜、棉鞋等。鞋袜潮湿后，要及时更换。出门要戴耳罩，注意耳朵保暖。平时经常揉搓这些部位，以加强血液循环。

（3）要保持鞋袜干燥，运动或走路导致鞋袜潮湿时要及时更换。

（4）经常进行抗寒锻炼，用冷水洗脸、洗手，以增强防寒能力。

（5）慢性病患者，如贫血等，除积极治疗相应疾病外，还要增加营养，保证机体足够的热量供应，增强抵抗力。

（三）人体对冷环境的适应

人体在低温条件下经过一定时期的锻炼，会对低温产生一定的适应，即对低温的耐受性提高，对低温发生的生理反应减轻，这种现象称之为寒冷的适应，医学上称为“低温习服”或“冷习服”。人类对寒冷的习服一般有三种类型。

1．代谢型习服

人每天 8 h 裸露在 12～14℃的环境中，一个月后，寒冷引起的寒战将会减弱，而非寒战产热可得到提高。长时间在寒冷环境中生活的因纽特人，其基础代谢率平均高于温带地域白人 14%~17%。这是人体通过提高产热而达到的寒冷习服。

2. 绝热型习服

长时间处于寒冷条件下，可使体表血管收缩和皮下脂肪增多，引起体表绝热性增大，而产生绝热型习服。

3. 习惯性冬眠型习服

长期在寒冷环境中生活的人，在温度较低的情况下也不增加产热，皮肤的温度下降也少，体温也相对较低，机体习惯了低体温。长期身体训练可促进人体对寒冷环境的适应能力，并可改善末梢循环功能。人体对寒冷的习服由寒冷的程度以及持续的时间和生活方式的差异所决定。

三、热环境与运动

（一）运动热应激及其生理学问题

在炎热环境中运动，机体内积蓄热量过多，会引起机体一系列热应激与热适应。热应激是机体对热环境发生全身性的、综合性的生理反应。运动热应激是运动应激、热应激和心理应激的综合反应。上述各种应激共同作用，相互加强，严重影响运动员的运动能力和身体健康。

运动热应激中的主要生理学问题是脑温、肌温和脱水。

1. 脑温

脑组织对温度变化及缺血有特殊的敏感性，在大多数情况下，热应激最先导致脑细胞工作能力的下降。

2. 肌温

过高的温度使肌细胞酶活性降低，能量代谢受阻，功能蛋白变性，这些变化会直接影响肌肉工作能力。肌肉局部温度升高不仅影响物质和能量代谢水平，还会改变代谢途径，主要表现为有氧代谢比例下降，无氧代谢比例升高。

3. 脱水

长时间的运动热应激最终会导致机体脱水并引起一系列的生理反应，损害运动能力。在高温高湿环境中运动，脱水是影响运动能力的重要因素。

水的丢失、电解质及微量元素的流失将影响人体机能（包括运动能力）。热应激合并机体脱水对机能的负性影响比单纯热应激或单纯脱水更明显。

（二）热伤害及其预防

1. 常见热伤害

在热环境中剧烈运动，可因大量出汗、体液丢失而出现循环血量下降，导致运动能力下降，造成包括脱水（体液丢失）、热痉挛（骨骼肌的不随意痉挛）、热衰竭（由于循环血量不能满足皮肤血管的舒张而引起的低血压和虚弱）和中暑（下丘脑体温调节功能不足）等热伤害的发生。

（1）脱水。脱水是指体液的丢失，所以又称失水。水丢失时大多伴有电解质的丢失尤其是钠离子的丢失，临床表现为细胞外液量的减少。失水量占体重的2%～3%，称为轻度脱水；失水量占体重的3%～6%，称为中度脱水；失水量占体重的6%以上，称为重度脱水。轻度脱水即可影响运动能力。中度脱水时便可出现脱水综合征，表现为烦躁不安、精神不集中、软弱无力、皮肤黏膜干燥、尿量减少、心率加快。重度脱水除了有体力和智力减退外，还可出现精神症状，严重者神志不清以致昏迷。

（2）热痉挛。长时间在热环境中运动时，由于体内的矿物质丢失和大量出汗伴随的脱水所引起的骨骼肌疼痛和痉挛，称之为热痉挛或中暑性痉挛。热环境中负荷较重的肢体肌肉容易发生痉挛。患者意识清楚，体温正常，其产生的机制尚不清楚。中暑性痉挛可以通过脱离高温环境（到凉爽的地方）和补充水盐溶液进行恢复。

（3）热衰竭。热衰竭是高温环境下长时间劳动或运动所出现的血液循环机能衰竭。表现为血压下降、脉搏和呼吸加快、大量出汗、皮肤变凉、细胞间液量减少、晕眩、虚脱等症状，此时体温多为正常。一般发病迅速，先有头晕、头痛、心悸、恶心、呕吐、大汗、皮肤湿冷、体温不高、血压下降、面色苍白，继而出现晕厥，通常昏厥片刻即清醒。

（4）中暑。中暑是指因高温引起的人体体温调节功能失调，体内热量过度积蓄，从而引发神经细胞受损。其典型症状为：体内温度超过 40℃，停止出汗，皮肤干燥，脉搏和呼吸加快，血压升高，意识混乱或丧失。如得不到及时治疗，可能会进一步发展为昏迷甚至死亡。

2. 热伤害的处理与预防

（1）热伤害的处理。①迅速脱离高温环境，将患者抬到通风、阴凉、干爽的地方，使其仰卧并解开衣扣，松开或脱去衣服，如衣服被汗水湿透要更换干衣。②面部发红的患者可将头部稍垫高，面色发白者头部应略放低，使外周血液较易回流到心脏。③头部捂冷毛巾，可用 50%酒精、冰水或冷水进行全身擦浴，促进降温。④患者若已失去知觉，可让其嗅氨水等刺激剂，醒后可饮一些清凉饮料或淡盐水。⑤脱水者应及时补充丢失的体液，应根据脱水的程度和身体情况决定补液量、种类、途径和速度。按丢失 1kg 水需补充 1 000 mL 液体计算，体重 75 kg 的运动员，轻度脱水需补充 1 500 ~ 2 250 mL 液体。补液的速度以使循环功能恢复为首要目的，一般是先快后慢，所需补液总量应在 48 h 内完成。通常是当日先给补给量的一半，次日再补够余量。

（2）热伤害的预防。①尽量避免在高温下、通风不良处进行大强度体力活动，避免穿不透气的衣服。②饮用含盐饮料以不断补充水和电解质。热环境训练时预防热伤害，合理补液和预防过度脱水最为重要。补液可在运动前、中、后进行，应遵循少量多次的原则，补液总量取决于失水量。③热天运动时，宜穿浅色衣服，戴遮阳帽，保证充足的睡眠。④对不耐热的个体，要加强预防措施和医务监督。

3．人体对热环境的适应

不间断或反复居留在高温气候中，机体会逐渐适应这种特殊的气候条件，对抗热应激的稳定性得到发展，对炎热的耐受能力提高，出现热适应状态，这种状态称为热习服。热习服的主要生理反应参见表 6-1 所示。

表 6-1　高温环境下生理机能的适应性变化

机制	适应性变化
出汗	工作时出汗较早（即出汗的温度阈值降低），汗液在体表的分布较为均匀，汗液中含盐量下降
血液与循环	心率降低，心搏出量增加，皮肤血流量增加，循环血量增加，工作性的巡夜浓缩程度降低，血液较快的循环，血流接近体表，分配相对有效（工作时）

热习服后，出汗和蒸发散热的能力大大增强，使外周导热能力增强。这种调节有助于保持循环血量，保证运动中的每搏输出量和肌肉的血流量。习服者在运动时深部温度不变或略有下降。

热习服最重要的生理标志之一，是安静时和肌肉活动时心率降低和心搏出量逐渐增加。热习服过程中心搏出量的增加是由于静脉回流增加及其循环血量增加，特别是逐渐减少皮肤血流量及静脉回流加快。

如果处在热环境中进行运动训练，习服后因血浆蛋白增加，可使血浆量增加 12%（血浆蛋白每增加 1g，血浆增加 15 g 水）。血浆量增多有助于保证每搏输出量、循环血量和排汗能力，还可使身体能容纳更多的热。习服时排汗能力可增加近 3 倍，出汗更完全且出汗部位更广泛，这些变化对在高温环境中运动很有利。由于醛固酮分泌的增多，可使通过排汗损失的 NaCl 减少，排汗阈值下降导致出汗较早，可更有效地维持运动初期的深部体温。

第二节　在水环境中运动

在水环境中运动时，水的浮力、密度和导热性对人体运动能力可产生显著影响。水的浮力会使人产生不习惯的漂浮感；水的密度比空气大，因而在齐胸深的水中人体可明显感受到较大压力；水的导热性是同温空气的 28 倍。水的这些特性给人体在水中运动（如游泳）带来了特殊影响，也对人体在水环境中运动时的生理功能提出了一些特殊的需求。

一、水环境运动对人体生理功能的影响

（一）呼吸系统

水环境中运动对呼吸功能的影响较陆上运动深刻，这与水的密度及压力有关。水的密度比空气大，在水中前进要克服更大的阻力，使得游泳时完成呼吸运动要比陆地上克服更大的阻力与压力，因而对呼吸肌的锻炼效果较好。

此外，在水中运动时，呼吸频率的变化受游泳动作节奏的限制，不能随意加快呼吸，同时水的压力又使补吸气的增加受限，因而经常进行游泳等水环境中的运动，可使人体从通气中获得氧气的效率得到提高。研究表明，无论进行最大强度运动还是次最大强度运动，游泳时肺泡通气量均比跑步时要高。

经常在水环境中运动，还可有效提升游泳运动时的。有研究表明，非

游泳训练者的 $\dot{V}O_2 max$ 、在游泳时约比陆上运动时降低 15%~20%。而优秀的游泳运动员在游泳时的 $\dot{V}O_2 max$ 不仅不会降低，甚至会高于本人跑步时的 $\dot{V}O_2 max$ 。

（二）循环系统

人体在水环境中运动时对循环功能也有良好的影响，这既与水的特性有关，又与人在水中运动时多取平卧姿势有关。在陆上运动时，许多肌群需要通过肌紧张来维持基本的身体姿势，而游泳时的平卧体位可大大减少维持肌紧张的肌群，一方面有利于减少能耗节约心输出量，另一方面有利于心脏以较低的压力为全身供血。此外，游泳运动时，由于呼吸加深，使胸膜腔内压降低，再加上水波对身体表面的拍击，更有利于促进静脉血液回流。因此，在水环境中运动可使循环功能发挥更大的潜力。与跑步相比，在以相同强度进行游泳时，心输出量和每搏输出量均比较低。游泳时的最高心率比跑步时约降低 10~15 次。

（三）能量消耗

水的导热性比同温度空气高，因而和陆地上同强度、同时间的运动相比，游泳需要消耗更多的热量。在水环境中运动，能量消耗与水的温度、水中停留的时间、游泳姿势及运动者对环境的适应程度有直接关系。水的温度直接影响能量消耗的量，水温愈低能量消耗愈多；在水环境中停留时间愈长，能量消耗将愈多，在 12℃的水中停留 4 min 和在 20℃的水中停留 15 min 的能量消耗相近。游泳运动比陆上运动消耗能量多的另一因素是水中运动的机械效率比陆地低，优秀游泳运动员蛙泳时的机械效率仅为 4%~6%。此外，不同泳式和距离也会影响能量消耗的多少。

（四）运动技能的学习

在水环境中运动，运动技能的掌握比陆地上要求更高。水浮力使人在水中的支撑感觉被削弱，产生不习惯的漂浮感，加上游泳时体位的改变及冷刺激，对神经系统适应能力及协调能力提出了更高的要求。同时，不适应水性者还有恐水的心理障碍，这也给其运动技能的形成增加了难度。

二、人体对水环境的适应

人体有完善的体温调节功能，可对冷热环境逐步适应并形成冷热习服。游泳在水环境中进行，水的冷刺激可提高人体对冷刺激的适应能力。因此，经常在水环境中运动，不但对人体产热、散热的调节能力有良好影响，而且对各器官系统的功能也有所促进。由于游泳时完成呼吸运动要比在陆地上克服更大的阻力与压力，所以经常进行游泳运动，可使通气效率和最大摄氧量得到提高。经常进行水中运动的人，也可使其循环功能得到有效的锻炼，心血管机能得到提高，表现为运动性心脏肥大，心律徐缓和心搏有力，心力储备与心率储备增强。经常从事游泳活动的人会提高身体的抗寒能力，如通过提高代谢水平和增厚皮下脂肪来对冷环境产生适应。

第三节　在高原上运动

地理学上将海拔较高、起伏较小的大片完整高地称为高原。高原环境具有低压、低氧、寒冷、日照时间长、昼夜温差大等特点，其中对人体影响最大的是由于大气压力降低所致的低氧。这种低压低氧的刺激会导致人体生理功能及运动能力产生一系列变化。

一、高原环境的特点及其对运动能力的影响

（一）高原环境的特点

1. 低压低氧

海拔高度对氧分压有着直接的影响，而氧分压的变化又对血液和组织间的气体交换产生明显的影响。不同海拔高度的大气压和氧分压如表 6-2 所示。

表 6-2　不同高度大气压、氧分压对应值

高度（m）	大气压（mmHg）	氧分压（mmHg）
1	760	159
1 000	674	141
2 000	596	125
3 000	526	110
4 000	462	97
9 000	231	48

2．低温

海拔高度每上升 150m，温度降低 1℃，如在海平面的温度为 15℃，在珠峰顶点温度则为-40℃。高原空气温度很低，冷空气带有的水分较少。在气温为 20℃时，水分压为 17mmhg，但在-20℃，水分压会下降到 1mmhg。因此在高原训练时，由于高原空气干燥、呼吸频率的增加，通过呼吸蒸发和排汗会丢失更多水分。

3．高原辐射

随着海拔高度的升高，强烈的太阳辐射也随之增加。一方面，高原海拔高且空气稀薄，太阳辐射（尤其是紫外线）被空气吸收得少；另一方面，空气中的水蒸气会吸收大量的辐射物质，而高原空气含水蒸气较少，故可使人体更多地暴露于辐射之中。辐射在被白雪反射后会更强烈。

（二）高原环境对运动能力的影响

高原环境对运动能力的影响，会因海拔高度及运动项目不同而不同。

1．对耐力项目的影响

在高原低压低氧条件下，氧气运输和有氧代谢功能都会受到很大的影响。决定有氧工作能力的最大摄氧量会随海拔的升高而下降，当海拔高度约 1 500 m 时，最大摄氧量开始下降。随后海拔每升高 300 m，最大摄氧量下降约 3%；在更高的高度下降的速率更快，如到达珠穆朗玛峰这一高度（约 8 848 m），最大摄氧量大约降低 70%。这在很大程度上限制了身体的有氧运动能力。导致耐力性运动能力明显下降的临界高度大约在海拔 1 200 m。

有氧能力的降低，会降低机体的有氧耐力，影响到持续时间较长的运动项目的运动能力，如长跑、球类项目等。

2．对速度性项目的影响

在高原环境进行运动持续时间不超过 1min 的剧烈运动时，由于高原空气稀薄，空气阻力减少，加之这类运动主要动用的是 ATP-CP 和糖酵解供能，而很少动用有氧供能，所以运动成绩通常不会受到明显影响，有时还会有一定程度的提高。

3．对爆发性项目的影响

由于高原空气稀薄、阻力下降，在投掷项目中，如铅球、铁饼、链球成绩可能会提高；但需要利用空气浮力的掷标枪，可能会因高原空气稀薄受到一定的影响；而跳远、跳高等跳跃项目则不会受到明显影响。

二、人体对高原环境的反应与适应

（一）人体对高原环境的反应

高原是一种低气压、低氧、高寒和高紫外线辐射的特殊环境，对人体的生理活动会产生一系列特殊的刺激作用。高原应激就是机体在高原环境下所产生的一种应激性反应，是机体的各种功能通过神经、体液的调节在新的基础上达到新的平衡过程中所呈现的临床症状，也称为急性高原反应。

1. 呼吸反应

由于高原空气稀薄，要达到与平原同样的需氧量，就必须加大肺通气量，导致过度通气，使二氧化碳在血液中大量扩散。二氧化碳的分压升高，会升高血液的 pH，可能导致呼吸性碱中毒。同时，由于氧分压降低导致肺氧弥散量下降，从而影响到血氧含量。

海平面血氧饱和度为 98%，而在 2 400 m 高原，血氧饱和度可降至 92%。此外，在高原上人体血液与肌肉组织之间的氧分压差降低，使得血液与肌肉间的氧交换率下降。

2. 心血管反应

处于高原环境，血浆容量很快开始减少，在最初几周内这种持续降低呈线性关系。这是由于为了补偿高原氧分压降低对机体的影响，红细胞数目不断上升，而致血液变稠，通常几周后便可稳定。

由于氧分压的降低，使氧的扩散浓度梯度降低，引起每搏输出量和心率增加，以通过提高心输出量来缓解氧供的不足。

3. 高原病

未经适应训练的人迅速进入 3 000 m 以上的高原地区，由于大气中氧分压降低，机体对低氧环境耐受性降低，因难以适应而造成缺氧，由此引发一系列的高原不适应症状，称为高原病。如 24 h 内出现头疼、头晕、眼花、耳鸣、全身乏力、行走困难和难以入睡等症状，严重时会造成急性肺水肿和急性脑水肿而危及生命。

（二）高原习服

到达高原几天或几周后，机体就会对空气中较低的氧分压环境做出相应的调整，产生一定程度的适应，即人体对高原环境的适应，或称高原习服。高原习服可分为短期习服（几天、几周、几个月）和长期习服。短期习服包括酸碱平衡和血红蛋白的变化，使肺通气的调节和氧的结合能力得到改善；长期习服包括氧运输能力、细胞代谢效率、肺和肌肉中的血管分布的改善等。

1．血液

人体到达高原大约 3h，促红细胞生成素（EP0）的释放就开始升高，在 24 ~ 48h 达到最大值。在海拔 4 000 m 的高原生活 6 个月，血容量将上升 9% ~ 10%；在海拔 4 540 m 的高原居住的人一般红细胞比容为 65%，远高于在海平面高度居住的人（48%）。在海平面高度居住的人，在海拔 4 540 m 的高原居住数周，红细胞比容可达 59%。红细胞数目的增加，使得体内的血红蛋白也随之增加，这种适应提高了人体的携氧能力。

2．肌肉

通过肌肉活检研究发现，上高原后人体肌肉的组成结构和代谢会发生显著变化。在高原缺氧环境下生活 4 ~ 6 月，肌肉产生的变化主要表现为：

（1）肌肉横断面积减少 11%~19%，肌力下降。

（2）肌肉中毛细血管的数量增加了 13%，使得更多的血液运送到肌肉。

（3）体重明显下降，肌肉蛋白质的代谢降低，肌肉线粒体和糖酵解酶明显减少，导致运动能力下降。

3．心肺功能

初到高原时最大摄氧量减少，在接下来的几周内略有提高。值得注意的是，机体通过高原习服所获得的适应是可逆的。在 2 000 m 的高原要达到一定程度的习服，最少停留 2 周。但通过习服获得的适应性变化，返回平原后两周即可消失。

第四节　大气污染与运动

随着社会经济的快速发展，人们在追求高质量生活的同时，越来越关注自身赖以生存的大气环境。什么是大气环境，什么是大气环境污染，大气环境污染如何影响人的健康，在日益加剧的大气环境污染下又如何从事运动，这些已成为当前运动生理学研究的热点之一。

一、大气环境

大气环境一般是指围绕地球周围的区域性或全球性气体环境。由于受地心引力的作用，包围在地球周围的气体（称大气）质量的分布是不均匀的，依其温度、组成与物理性质的不同，自下而上可以将大气分为依次连接的五个气层，即对流层、平流层、中间层、暖层和逸散层。

对流层最接近地面，平均厚度约 12 km，其质量占大气层总质量的 75%左右。对流层与人的关系最密切，通常所称的大气环境主要是指对流层的气体环境。

（一）大气的组成

大气是由多种成分组成的混合气体，它包括干洁空气、水汽和悬浮颗粒等。

1．干洁空气

即干燥清洁的空气，其主要成分为氮、氧、氩和二氧化碳，它们占空气总容积的 99.9%以上，此外还有少量的其他成分，如氖、氦、氪、氙、氧、臭氧等。空气中各组分的比例在地球表面的各个地方几乎不变，因此被称为大气的恒定成分。

2．水汽

大气中的水主要以汽化状态存在，故称水汽。水汽的含量（体积百分数）要比氮、氧等主要成分的含量低，但它的含量随时间、地域和气象条件不同而有较大的变化。如干旱地区只有 0.02%，而温湿地带可高达 6%。大气中水汽含量变化对大气变化起着重要作用，因而也是大气的主要组成之一。悬浮颗粒。一般指由自然因素而生成的颗粒物。如岩石风化、火山爆发、宇宙落物以及海水溅沫等所产生的颗粒物。其含量、种类和化学成分都是变化的。

上述物质及其含量是构成大气各组分的标准值。除水分含量外，若大气中某种组分的含量超过标准含量，或自然大气中本来不存在的物质在大气中出现，即判定它们为大气的外来污染物。

（二）大气环境的重要性

大气环境是人类生存的要素，生命的存在一刻也离不开大气。对人体生命而言，没有任何东西比大气环境更重要。以大气环境提供的空气为例，每个人都需要新鲜、洁净的空气来维持生命。一个成年人每天呼吸约 2 万余次，吸人空气量约 10 ~ 15 min，排出的二氧化碳量高达 542.4 L。

人类活动必不可少的一些物质也来源于大气环境。如氧气，它既是体内代谢的氧化剂，又是人类将食物加工成熟食的助燃剂；大气的臭氧层可吸收太阳辐射的紫外线和宇宙射线，对地球生物起到保护作用；大气的电离层能够反射无线电波，有利于人类通信事业的发展。诸如此类，大气环境与人的生存与发展可谓息息相关。

二、大气环境污染

在人类活动和自然过程（如火山、山林火灾、海啸、岩石风化等）中，逸出的某种或某些有害物质进入大气，呈现出足够的浓度，涉及一定的区域、达到足够的时间，且危及到人体舒适、健康和福利，大气环境的这种变化，称为大气环境污染。引起大气环境污染的物质称污染物。

造成大气环境污染的因素可归结为自然因素和人为因素两种，但目前为世界各国所公认的主要是人为因素。人类的社会经济活动和生产劳动，大量消耗各种能源，其中化石燃料（煤炭、石化）在燃烧过程中所释放的大量烟尘、硫、氮等物质，正严重影响着大气环境的质量。

大气环境污染有三大要素，即人气环境污染源、主要污染物和大气环境污染物的转归。

（一）大气主要有害污染物

大气中的污染物质种类很多，根据其形态分类我们可以总结为颗粒污染物和气体污染物。

1. 颗粒物污染物

（1）悬浮颗粒物污染。空气中能够在自然力的作用下发生沉降的颗粒物被我们称为粉尘；在空间能够悬浮，颗粒直径不大于 100μm 的颗粒物我们统一称之为悬浮颗粒物（TSP）。在可悬浮颗粒物中，颗粒直径小于 10μm 的的悬浮物我们采取区别称谓，即可吸入颗粒物。可吸入颗粒物能够在大气中长期悬浮，并随着空气的流动发生位移，范围从几公里到几十公里不等。可吸入颗粒物在某一地区持续堆积就会形成污染，由于可吸入颗粒物的成分十分复杂，其对人体的危害也难以预料，但总的来说可吸入颗粒物会对人体的呼吸道造成损害，长期生活在可吸入颗粒物污染的地区患癌症的概率会增加。悬浮颗粒物对人体健康的危害分为短期与长期两种，短期危害一般表现为急性病症，长期危害表现为慢性病症。悬浮颗粒物对人体造成的急性危害随着污染程度的上升表现日益明显，污染区域形成后数日内对人体健康产生危害的概率正在上升。慢性效应主要体现在长期处于污染区域的居民的慢性呼吸道疾病，常见的颗粒物慢性污染病包括肺炎，慢性阻塞性肺疾病以及由污染引起的心脑血管疾病等。

（2）PM_{10}和$PM_{2.5}$。近年来，PM_{10}和$PM_{2.5}$由于雾霾天气的出现，曝光度增加，逐渐引起了人们的关注。所谓PM_{10}是可悬浮颗粒物的一种，从划分标准上来说PM_{10}的空气动力学直径一般不大于10μm。PM_{10}是多种悬浮颗粒物的总称，从类别上来说主要包括固态和液态两种类型的悬浮颗粒物。PM_{10}颗粒很小，能够通过鼻腔与咽喉的防护，进入人体内呼吸循环系统，堆积在肺部，长期累积容易引发病变，对人体健康造成危害。$PM_{2.5}$指悬浮在空气中，空气动力学直径≤2.5μm的颗粒物。$PM_{2.5}$直径比PM_{10}小，能够在呼吸过程中直接计入人的肺泡，有些人称之为可吸入颗粒物。$PM_{2.5}$的化学成分比较复杂，有机碳、炭黑、粉尘、硫酸铵、硝酸铵等物质都有可能成为$PM_{2.5}$的构成部分。$PM_{2.5}$既包括一次性的颗粒物也包括二次颗粒物，一次颗粒物有机碳、炭黑、粉尘，二次污染颗粒物包括属于原生颗粒物，如硫酸铵、硝酸铵等。一次颗粒物中的炭黑细微颗粒主要来自城市汽车尾气、锅炉燃烧以及废弃物燃烧。粉尘是交通流动中产生的空气污染颗粒物，根据经验在同一颗颗粒物的构成当中，$PM_{2.5}$构成很大比例。

2. 有害气体

（1）氮氧化物污染。一氧化氮、二氧化氮等氮氧化物是最常见的污染性的物质，这些气体能够对呼吸器官造成刺激，引起人体的不同种类的中毒，对人类的健康和生命安全造成影响。在氮氧化物污染物的构成当中，大部分是来源于汽车行驶的排放，小部分是工业排放。另外，不同种类的矿物燃料产生的污染物质不同，在所有污染物当中危害最大的是二氧化氮。

（2）二氧化硫。二氧化硫是硫燃烧产生的危害物，二氧化硫无色具有刺激性对人体健康的危害很大，二氧化硫的主要来源是含硫燃料的燃烧，此外一些含硫矿石的的冶炼也会产生二氧化硫污染。

（3）一氧化碳。一氧化碳是一种有毒气体，它没有颜色、没有气味、刺激性也不强，从水溶性来说，一氧化碳不溶于水。在大气有毒气体中，一氧化碳所占的比利是最大的，大约为 1/3。一氧化碳在局部沉积会对与血液中的血红蛋白结合，降低血液输送氧气的能力，会造成十分严重的后果，一氧化碳中毒死亡的新闻并不鲜见。

（4）光化学烟雾。光化学烟雾是排入大气的氮氧化物和碳氢化物，在受到太阳光线照射之后产生的一种刺激性烟雾。光化学烟雾污染最早出现的地区是洛杉矶，所以又人们也将这种污染现象叫作洛杉矶光化学烟雾，如图 6-3 所示。随着全球环境问题的日益严重，光化学污染的现象在世界各地具有发生，比如日本东京、大阪、川崎市，澳大利亚的悉尼。

图 6-3　洛杉矶光化学烟雾

（二）大气污染物的主要来源

1. 自然污染来源

（1）火山喷发。火山喷发如图 6-4 所示，排放出 SO_2、H_2S、CO_2、CO、HF 及火山灰等颗粒物。

图 6-4　火山喷发形成的火山灰

（2）森林火灾。森林火灾如图 6-5 所示排放出 CO_2、SO_2、NO_2、HC 等。

图 6-5　森林火灾冒出的浓烟

（3）自然尘。自然尘如图 6-6 所示是指在自然作用下形成的风沙、土壤尘等。自然尘与气候条件、天气现象紧密相关。

图 6-6　漫天沙尘

（4）植被释放。植被释放主要分为两种：一种是森林植被释放，主要为萜烯类碳氢化合物；另一种海洋植物释放，比如海浪飞沫中的颗粒物主要为硫酸盐与亚硫酸盐。

2. 人为污染来源

人类在自身文明发展的过程中对自然环境造成了很大的破坏，大气污染的主要来源也是人类造成的。人为污染主要是因为人类活动而形成的污染物排入大气当中，一般来说人为的大气污染可以分为三个方面：

（1）燃料燃烧。煤、石油、天然气等燃料的燃烧会向大气中排放大量的污染物，因此这些燃料的燃烧是大气污染的主要来源。煤炭、石油、天然气是重要的燃料，含有碳元素、氢元素、氮元素、硫元素等，会向大气排放二氧化碳、二氧化氮以及二氧化硫等。

（2）工业排放。工业排放如图 6-7 所示的污染物种类比较多，因为工业生产的不同工艺和流程会产生不同的污染物。工业污染物的另外一个特点是排放量大，短时、局部地域的高浓度污染会对人们的健康造成严重的影响。

图 6-7　工业废气污染

（3）交通运输污染源。由汽车、飞机、火车和轮船等交通运输工具在运行过程中排放尾气如图 6-8 所示，尤其是汽车数量众多，尾气对环境的危害很大。

尾气的主要污染成分是烟尘，并含有氮氧化物以及金属尘埃，对城市环境会造成很大的影响，雾霾的形成与交通运输污染有着密不可分的关系。

图 6-8　汽车尾气污染

（4）农业活动污染源。农业活动污染主要是指农药化肥使用过程中对大气造成的污染。

在农业生产过程中农药与化肥对保证作物产量有十分重要的作用。在对农作物进行化肥灌溉或者喷洒农药时，农药、化肥会以颗粒物的状态挥发的空气当中对环境造成污染。

（三）大气污染的危害

1. 中毒

（1）急性中毒。大气污染如果程度比较轻，即污染浓度小的时候通常会对人体造成明显的急性危害，如果短时间空气扩散条件较差，污染浓度提高，会造成严重的后果，发生大范围的中毒现象。

（2）慢性中毒。污染对人体健康除了急性作用还会产生慢性作用，即慢性中毒。一般来说，如果空气污染物的浓度比较低，大气污染物会在进入人体后逐渐蓄积，出现疾病的发病率上升等慢性中毒现象。

2. 致癌

大气污染物中所含致癌物质种类繁多。根据动物实验及流行病学调查，证明具有致癌作用的大气污染物有 30 多种。尤其是多环芳烃中的苯比芘，当煤燃烧时，由于高温裂解，会产生一种强致癌物质 3，4-苯并芘。每燃烧 1kg 煤便产生 6～14μg 3，4-苯并芘，当人吸入 0.4μg 时，就足以使人致癌，这已为医学界所确认。

浓缩了的烟雾可致癌，工厂排出的废气中如含微量的砷、铬、镍、铍、氧化氮和氮氢化合物等，除直接引起呼吸系统的各种疾病外，还会在紫外线的作用下，形成致癌物质。氟化物、有毒重金属如铅、铬、锌、镉、锰、钒、钡、汞等，以及砷等，都可能引起人体慢性中毒，有的可引发癌症。

总之，大气污染后引发的各种疾病，远远不止上述的这些，有些至今还没有完全被人们所发现、认识。在大气污染日益严重的今天，保护人类赖以生存的大气，已是人类面临的一项刻不容缓的任务。

三、大气环境污染与运动

（一）大气环境污染对运动能力的影响

大气中的光化学烟雾由臭氧、NO_2、PAN（过氧酰基硝酸盐）和其他硝酸盐化合物、硫酸盐、微粒物以及一些还原剂等混合组成。这些污染物对人类健康可能产生单独的、相加的或协同的影响。Waynl 等研究人员通过比较研究，发现大气中的氧化剂直接影响了人体在竞赛时对氧气的利用或造成了呼吸不适。

国家空气质量标准中污染指数 API 在 201 ~ 300 时，对应的空气质量级别为 4 级，空气质量被描述为中度污染，对健康的影响为：一定时间的接触后，心脏病和肺病患者症状显著加剧，运动耐受力降低，健康人群中普遍出现症状。研究还发现大气污染会导致持续运动的能力下降，污染程度越严重，持续运动的能力下降越明显。大气污染对运动训练的效果的影响也十分明显。如已产生的训练效果会因大气污染而消退，并反映出消退速度与大气污染的程度有关，污染程度越严重消退越快。

由此认为，体育竞赛和运动训练应重视对大气环境质量的要求，其场所应尽可能选择在无大气污染或少污染的地区。在大气污染较为严重的城市，居民的体育锻炼活动也应选择大气污染较轻的地点进行，同时应普及体育锻炼的卫生知识，以免在大气污染环境下进行运动对身体健康造成不良影响。

（二）体育锻炼应对大气环境污染的方法

人体从事各种体育活动时，机体最显著的反应是呼吸、循环功能加强，代谢水平提高，机体通过从大气环境中摄取更多的氧来满足肌肉活动的需要。在大气环境污染情况下，体育锻炼对人体的附加作用是使人体被动地吸入更多的大气污染物，从而给人体健康带来负面影响。因此，在体育锻炼中，应对大气环境污染的唯一方法是当大气中污染物含量高时，不进行锻炼，或者选择大气环境质量好的区域进行体育锻炼。

在炎热夏季的中午（11：00—15：00），太阳紫外线辐射强烈，臭氧的含量最高，此时不宜从事户外体育锻炼。

在大城市，人们通常在公路边的人行道、空地或广场等地方进行体育锻炼。这些地方在交通拥挤的时候，大气中二氧化碳、臭氧、氮氧化物的含量非常高，最好不要在这些地方进行体育锻炼。有资料显示，在交通通畅时，大气中二氧化碳含量水平大约是 35ppm，而在缓慢和拥挤不堪的交通条件下，二氧化碳含量超过 100ppm，较高浓度的二氧化碳还可以扩散到交通线外 18 ~ 27 m 远的地方，所以进行体育锻炼要远离公路。

进行体育锻炼要远离工业区，特别是可能释放某些有害物质的化学工业区。如果居住在工业区，要选择位于污染源的上风位，大气环境质量较好的地段，特别是绿色植被较多的地方进行体育锻炼。

雾霾天不宜进行体育锻炼。当大气受到污染时，大气中的酸性气体以及一些可溶性气体会溶于雾中，生成亚硫酸和硝酸等。在这样的大气环境中进行体育锻炼，呼吸系统、心血管系统和皮肤都会受到损害。雾对呼吸系统的主要影响为呼吸功能减退、肺泡弹性减弱，还可能导致支气管炎、支气管哮喘、肺气肿和肺水肿等病症。

参 考 文 献

[1] 王正珍，王娟．运动处方概要[M]．北京：北京体育大学出版社，2018．
[2] 黄玉山．运动处方理论与应用[M]．桂林：广西师范大学出版社，2013．
[3] 白波，杜友爱．生理学[M]．南京：江苏科学技术出版社，2013．
[4] 季成叶．儿童少年卫生学[M]．北京：人民卫生出版社，2012．
[5] 王步标，华明．运动生理学[M]．北京：高等教育出版社，2011．
[6] 姚泰．生理学[M]．北京：人民卫生出版社，2010．
[7] 寿文华，魏纯镭，荣丽．体育舞蹈[M]．北京：北京体育大学出版社，2008．
[8] 工昆欣，陈宝珠，等．形体训练与形象塑造[M]．北京：清华大学出版社，2008．
[9] 黄宽柔．健美操[M]．北京：高等教育出版社，2008．
[10] 姜桂萍，等．体育舞蹈[M]．北京：高等教育出版社，2008．
[11] 邓树勋，王健，乔德才．运动生理学[M]．北京：高等教育出版社，2005．
[12] 张瑞林，王浩，陈向阳．体育舞蹈[M]．北京：高等教育出版社，2005．
[13] 冯兆军．形体训练[M]．北京：旅游教育出版社，2005．
[14] 蒋正尧．人体生理学[M]．北京：北京科学出版社，2005．
[15] 曹志发，孟昭琴，姚为俊．新编运动生理学[M]．北京：人民体育出版社，2004．
[16] 周兵，傅雪云．艺术类体育[M]．南京：河海大学出版社，2003．
[17] 邓援朝，邓红妮，黄明强．体育舞蹈[M]．广州：中山大学出版社，2003．
[18] 王瑞元．运动生理学[M]．北京：人民体育出版社，2002．
[19] 刘广庆，赵影，虞定海．太极拳运动对中老年人外周血树突状细胞亚群的影响[J]．中国运动医学杂志，2013，32（7）：596-600．
[20] 王竹影，李德法，陈培友．30-50 岁超重人群走跑减肥运动处方的定量研究[J]．体育与科学，2011，32（6）：80-82．
[21] 纪彦屹，王兴芝．游泳对健康体适能作用的研究进展[J]．南京体育学

院学报：自然科学版，2011，10（3）：156-157.
[22] 关亚军，马忠权．核心力量的定义及作用机制探讨[J]．北京体育大学学报，2010，33（1）：106-108.